www.ingramcontent.com/pod-product-compliance
Lightning Source LLC
LaVergne TN
LVHW010605070526
838199LV00063BA/5088
9789358724004

شوکت حیات کے منتخب افسانے

(رسالہ 'ثالث' کے شمارہ ۲۱-۲۲ سے منتخب شدہ)

مرتب:

اقبال حسن آزاد

© Taemeer Publications LLC

Shaukat Hayat ke muntakhab Afsane
by: Eqbal Hasan Azad
Edition: November '2023
Publisher :
Taemeer Publications LLC (Michigan, USA / Hyderabad, India)

ISBN 978-93-5872-400-4

مصنف یاناشر کی پیشگی اجازت کے بغیر اس کتاب کا کوئی بھی حصہ کسی بھی شکل میں بشمول ویب سائٹ پر اَپ لوڈنگ کے لیے استعمال نہ کیا جائے۔ نیز اس کتاب پر کسی بھی قسم کے تنازع کو نمٹانے کا اختیار صرف حیدرآباد (تلنگانہ) کی عدلیہ کو ہوگا۔

© تعمیر پبلی کیشنز

کتاب	:	**شوکت حیات کے منتخب افسانے**
مرتب	:	**اقبال حسن آزاد**
صنف	:	فکشن
ناشر	:	تعمیر پبلی کیشنز (حیدرآباد، انڈیا)
سالِ اشاعت	:	۲۰۲۳ء
صفحات	:	۷۸
سرورق ڈیزائن	:	تعمیر ویب ڈیزائن

فہرست

(۱)	گنبد کے کبوتر	-	6
(۲)	رانی باغ	-	16
(۳)	مرشد	-	31
(۴)	ذائقہ	-	36
(۵)	بانگ	-	43
(۶)	میت	-	54
(۷)	کوبڑ	-	63
(۸)	میری تھیوری سازی اور میرے افسانے شوکت حیات		73
(۹)	شوکت حیات : کوائف	-	76

گنبد کے کبوتر

بے ٹھکانا کبوتروں کا غول آسمان میں پرواز کرر ہا تھا۔

متواتر اُڑتا جا رہا تھا۔ اوپر سے نیچے آتا۔ بے تابی اور بے چینی سے اپنا آشیانہ ڈھونڈتا اور پھر پرانے گنبد کو اپنی جگہ سے غائب دیکھ کر مایوسی کے عالم میں آسمان کی جانب اُڑ جاتا۔

اُڑتے اُڑتے ان کے بازو شل ہو گئے۔ جسم کا سارا لہو آنکھوں میں سمٹ آیا۔ بس ایک اُبال کی دیر تھی کہ چاروں طرف......

لیکن یہ پڑوسیوں کے بچّے بھی کم بدمعاش نہیں۔ مرغیوں کے ڈربے میں آدمی رہنے پر مجبور ہو جائیں اور مرغیاں وسیع وعریض ہال میں چہل قدمی کرنے کی سعادت حاصل کرلیں تو کئی باتوں پر نئے سرے سے غور کرنا ہوتا ہے۔ لیکن بچّے تو بچّے ٹھہرے۔ اپارٹمنٹ کے بچّے ہوں یا عام قصباتی گلیوں اور جھونپڑ پٹیوں کے بچّے......

بچّے بھی اتنے بے ہنگم ہوتے ہیں......اتنا شور مچاتے ہیں......سارے فلیٹ کو سر پر اُٹھا لیتے ہیں۔ لیکن سر پر اُٹھانے کے لئے شہر کے سب سے بڑے اپارٹمنٹ کا سب سے چھوٹا وَن بیڈروم یونٹ یعنی اس کا فلیٹ ہی تھا جس میں کھیل کُود کی سب سے کم گنجائش تھی۔ کارپیٹ ایریا کے نام پر چند انسانوں کے سانس لینے کے لئے جسم کے ہلنے ڈلنے بھر کی جگہ دی گئی تھی۔ چاروں طرف سے بند ڈربے میں۔ بس ایک چھوٹی سی بالکنی ہی راحت پہنچاتی تھی، جس کے بڑے حصّے میں متعدد گملے سجے ہوئے تھے۔ گملوں میں اَنواع واَقسام کے پھولوں کے پودے لگے ہوئے تھے۔ گلاب، چنبیلی زنّیا، کروٹن اور...... جینے کی آرزو کے استعارے......

دن بھر کا تھکا ماندہ، ہانپتے کانپتے بغیر لفٹ کے اپارٹمنٹ کی چوتھی منزل پر پہنچ کر وہ اپنے فلیٹ کی کال بیل بجاتا؛ بدحواسی پورے وجود پر طاری ہوتی۔

بچّے پیروں سے لپٹتے کاندھوں پر چڑھنے کی کوشش کرتے۔

''تم لوگ اب تک کلچرڈ نہیں ہو سکے......

دوسرے بچّوں کو دیکھو......سیکھو کچھ ان سے......کس طرح نہ ہونے کی طرح ہوتے ہیں۔ یہی تو

ان کی شناخت ہے......!''

لیکن چھوٹی سی بالکنی میں آ کر بیٹھ جاؤ......گرم گرم چائے کی ایک پیالی مل جائے اور بچّے خاموش اور مصروف ہوں تو معلوم ہوتا کہ زندگی میں کسی اور چیز کی ضرورت نہیں۔ جنّت میں اس سے زیادہ لُطف آئے گا بھلا......ساری تکان دُور ہو جاتی۔

اپارٹمنٹ کے کیمپس میں بڑے سے پیپل کے درخت کو بلڈر نے اپنی جگہ سالم چھوڑ دیا تھا۔ اس کی ایک شاخ اس کی بالکنی تک پھیلی ہوئی تھی۔ سیمنٹ کے اس پہاڑ کے ساتھ پیپل کے درخت کا کولاژ جدید مصوّری کے شاہکار نمونے کی طرح دکھائی دیتا تھا۔

گوریّوں کا جھنڈ چہچہاتا ہوا اپارٹمنٹ کی اس بالکنی میں منڈلاتا رہتا اور زندگی کی خوبصورتی کے گیت گاتا۔ ایک نٹ کھٹ گلہری تیزی سے آتی اور شرارت بھری آنکھوں سے اُسے گھورتی ہوئی پیپل کے درخت کی ٹہنی کے راستے پیڑ پر واپس چل دیتی۔ ہواؤں کی خنکی میں سورج کی سُنہری کرنوں کی گرمی من پسند دلربا اور سیم تن کی گرمی سے ذائقہ دار ہم آمیزی کا لُطف دیتی۔

زندگی اتنی سفّاک نہ بن......

سب کچھ داؤں پر لگا کر تجھے حاصل کیا ہے یا ہنوز......

تجھے پانے کی جستجو میں ہوں......

وہ دھیمے دھیمے سُر میں گنگناتا۔

وہسکی اور بیئر کو ملا دو تو اس کی تلخی دماغ کو جھنجھناتا ہوا لطف عطا کرتی ہے۔ سارا وجود ہلکا ہو کر آسمان میں اُڑنے لگتا ہے۔ اوپر سے دیکھنے پر زمین پر چلنے والے لوگ کتنے بونے نظر آنے لگتے ہیں۔

ہوائیں تیز چلنے لگیں۔ پیپل کے پتّے ہلنے لگے۔ پیپلیاں ٹوٹ کر گر رہی تھیں۔ گوریّوں کی چہچہاہٹ معمول سے مختلف سماعتی پیکر اختیار کر رہی تھی۔

بغل والا پڑوسی کہہ رہا تھا۔

اس بار پچھلے سال والا اُبال نہیں۔ دن خیریت سے کٹ جائے گا۔ موسم ٹھیک ہے۔ جینے کی چاہت قائم ہے......آپ بھی مزے سے رہیے۔

نو پرابلم......''

اپارٹمنٹ کے تمام بچّوں کو میرے ہی فلیٹ میں مجمع لگانا تھا۔ ان کی کوئی کانفرنس ہے کیا۔ ٹو بیڈ روم اور تھری بیڈ روم کے بڑے بڑے فلیٹ چھوڑ کر ون بیڈ روم فلیٹ میں ان کا جماؤ...... ہر جگہ بڑی مچھلی چھوٹی مچھلی کو نگل رہی ہے......لیکن تمام چھوٹی مچھلیاں مل کر بڑی مچھلی کا روپ دھارن کرلیں تو......!''

ٹیلی ویژن آن تھا۔ پرائیویٹ چینل کے پروگرام چل رہے تھے۔ دودھیا اسکرین پر تاریخ کی طویل صدیاں لمحوں کی نوک پر خود بخود آخری ہچکی لے رہی تھیں۔

''کوئی تو سمجھائے ان بچّوں کو جا کر...... نا گفتہ بہ حالات میں کیا آسمان سر پر اُٹھا لینے کا ارادہ ہے...... کلیوں، پھولوں اور تلسی کی پتیوں، میرے گملوں پر کوئی ضرب نہ آ جائے...... بڑی محنت سے انہیں سینچا ہے...... اجی سُنتی ہو...... ذرا دیکھو...... اچھا چھوڑو...... شریف آدمی کو تو مرنا ہی پڑتا ہے...... کچھ مت کہو...... بچّے تو بچّے ہی ہیں...... پڑوسیوں کے بچّے...... ہمکیں گے بھی تو کس حد تک جائیں گے......!''

بغل والے فلیٹ کے ینگ مین آف سکسٹی ٹو سین دادا کے ساتھ باہر نکلنے سے پہلے اس نے بیوی سے بدبداتے ہوئے کہا۔ پھر ان کے ساتھ چہل قدمی کرتے ہوئے دُور تک نکل گیا۔ دادا بول رہے تھے۔

''ہاں صاحب' گھبرانے کی بات نہیں -- سب کچھ نارمل ڈھنگ سے ہو رہا ہے۔ اضطراری چیزیں زیادہ دنوں تک قائم نہیں رہتیں۔ اَمن و استقامت کی راہ اپنا کر ہی ہم اور آپ چین اور سُکھ کی زندگی گزار سکتے ہیں...... میں تو پچھلے سال کے مقابلے میں بڑی تبدیلی محسوس کر رہا ہوں۔ راوی چین اور راحت کی سانسیں لکھتا ہے!''۔

پرانے زمانے کے سین دادا اس کے ساتھ ہوتے تو اردو کے ثقیل الفاظ کچھ زیادہ ہی استعمال کرتے تھے۔

سڑک پر گاڑیاں معمول کے مطابق چل رہی تھیں۔ چھٹّی کے دن چہل پہل کی جو کمی عام طور پر دیکھی جاتی ہے، وہ اُس روز بھی تھی۔

پڑوسی نے سگریٹ کا لمبا کش لیا۔

''ارے صاحب، کیوں سوگواری کا موڈ طاری کیے ہوئے ہیں۔ میں سمجھ سکتا ہوں آپ اپنی بالکنی اپنے پودوں اور گملوں کے تحفظ کے لیے بے چین ہیں۔

''کچھ نہیں ہوگا۔ آپ کے سارے گملے خیریت سے رہیں گے۔ اب دوستوں سے ملنے چل رہے ہیں تو یوں اداس نظر آنا چھوڑیے...... انجوائے کیجیے... دیکھیے گول گول گنبدوں کی گولائی اور نوکیلے اُبھار...... اُف...... سامنے کے پُرکشش منظر سے جسم میں عجب ترنگ پیدا ہو رہی ہے...... ذرا دیکھیے آپ بھی......!''

''اس عمر میں دادا آپ......!''

اس نے جملہ ادھورا چھوڑ دیا۔ اس کا دل دوسرے گُنبدوں میں اُلجھا ہوا ہولناک کیفیات سے گزر رہا تھا۔ سین دادا نرم و گداز جسمانی گنبدوں میں ٹامک ٹوئیاں مارتے ہوئے چٹخارے بھر رہے تھے۔

''عمر کی کیا بات کرتے ہو...... ہمیشہ خود کو جوان سمجھو...... یہی زندگی ہے...... دیکھنا اور دیکھتے ہوئے ان رنگین تصویروں میں ڈوب جانا اور بار بار ڈوبنا اُبھرنا......!''

سین دادا نے پھر کہا۔

''ینگ مین، تم جوانی میں بوڑھا ہو گیا۔ ذرا نظر تو اُٹھاؤ!''

سین دادا نے اس کے شانے پر اپنی انگلیوں کی گرفت سخت کی۔

آگے تین قیامتیں فاختاؤں کی چال چلتی ہوئی گپ شپ میں مصروف تھیں۔

''سین دادا آپ ان فاختاؤں میں اُلجھے ہوئے ہیں۔ ذرا اوپر دیکھئے۔ بے ٹھکانا کبوتروں کا غول مستقل آسمان میں چکر کاٹ رہا ہے۔ اپنے مُستقر کے بے دردی اور بربریت کے ساتھ مسمار کر کے غائب کر دیے جانے کے بعد کیسی بے گھری اور بے امانی جھیل رہا ہے۔ آپ ان کبوتروں کی آنکھیں دیکھ رہے ہیں۔ ....ان میں اُترتا خون، بیچارگی اور کچھ کر گزرنے کی تڑپتی ہوئی آرزوئیں محسوس کر رہے ہیں....!''

سین دادا اپنی دُھن میں مگن تھے۔ آسمان کی طرف نظر اُٹھانے کی ضرورت کیا تھی۔ ان کے پاس تو پوری زمین تھی اور زمین پر آسمانی جلوے موجود تھے--- وہ ان سنِ رسیدہ لوگوں میں تھے جن کی آنکھوں سے بیویوں کے مرجانے کے بعد شہوت کے شرارے پھوٹتے رہتے ہیں۔

اسے یاد آیا کہ ایک روز جب گارڈ نے اطلاع دی کہ اپارٹمنٹ کے نیچے ایک سانپ نظر آیا ہے تو سب پر وحشت طاری ہو گئی تھی۔ پورے اپارٹمنٹ میں ریڈ ایلرٹ کر دیا گیا تھا۔ لوگ رات بھر سو نہیں پائے۔ ادھر اُدھر سے مانگ کر ڈنڈے اور لاٹھیاں جمع کر لی گئیں۔ کھڑکی دروازے سب کے سب مقفّل تھے۔ آنکھیں پہرے دے رہی تھیں۔ لیکن ہر آن یہ ڈر تھا کہ روشنی گُل ہو گئی یا آنکھیں لگ گئیں تو پتہ نہیں سانپ کس کو ڈس لے۔

اسے تو بس اس بات کی فکر تھی کہ اس کی بالکنی میں آنے والی گلہری اور گوریّوں کا جھنڈ متوحش نہ ہو جائے۔ کہیں سانپ اُنہیں نہ ڈس لے۔ مَبادا اس کے رنگ برنگ پھولوں والے گملوں، گلہری اور گوریّوں سے جو کولاژ بنتا ہے، اس پر سیاہ بادل منڈلانے لگیں۔

وہ چپ چاپ ایک لوہے کی چھڑ لے کر اپنی بالکنی میں جا کر بیٹھ گیا۔ بالکنی میں گوریّوں نے چھوٹا سا گھونسلہ بنا رکھا تھا۔ چوں چوں کی آوازیں رنگین روشن فواروں کی طرح پھوٹ رہی تھیں۔ اس نے اطمینان کی گہری سانس لی۔ اس کے ایک ہاتھ میں تین سیل والی ٹارچ تھی۔ اس کی بیوی بک بک کرتی رہی۔ اسے بُرا بھلا کہتی رہی۔ بالکنی سے ہٹنے کی ہدایت دیتی رہی۔ اُس نے طرح طرح سے اُسے سانپ کے زہر سے ڈرانے کی کوشش کی لیکن اس نے ایک نہ سنی، آخر کار اُسے کہنا پڑا کہ اگر بہت ڈر لگ رہا ہے تو بالکنی

کے دروازہ اندر سے بند کرلے۔ وہ گوریّوں کے گھونسلے کی حفاظت پر مامور رہے گا۔ بہت دیر تک اس کی بیوی بچّے منت سماجت کرتے رہے۔ اسے خبطی اور بیوقوف قرار دیتے رہے۔ لیکن اس نے گوریّوں کی ننھی سی جانوں سے لاپروائی کے لئے خود کو کسی قیمت پر آمادہ نہیں کیا۔

کسی فلیٹ میں سانپ نہیں ملا۔ تمام کونے کھدرے جھاڑے گئے۔ بکس اور کپ بورڈ کی چھان پھٹک کی گئی۔ بچّے تو بچّے ہی ٹھہرے کچھ دیر تک سانپ کا چکّر انہیں دلچسپ تماشے کی طرح لگا۔ بڑوں کے کاموں میں وہ پوری تندہی کے ساتھ ہاتھ بٹاتے رہے۔ بعد ازاں سب کے سب تھک کر جہاں تہاں سو گئے۔ بڑے بوڑھے رات بھر جاگتے رہے اور بالآخر صُبح ہونے پر سب کے سب اس نتیجے پر پہنچے کہ یہ ایک افواہ تھی جو اُنہیں رات بھر پریشانیوں میں مُبتلا رکھنے کے لئے اُڑائی گئی تھی۔ تفتیش کی گئی کہ سب سے پہلے یہ خبر کس نے اُڑائی تھی۔ آخر کار اپارٹمنٹ کا گارڈ شک کے گھیرے میں آگیا۔ سب اسی کی کرتوت ہے۔ محافظت کی ذِمّہ داری میں وہ گھپلا کررہا ہے۔

صُبح کی نرم ونازک ہواؤں کے ساتھ تتلیاں اُڑتی ہوئی پھولوں کی طرف آئیں۔ بھنورے پھولوں کا چکر کاٹنے لگے۔ گھونسلے سے گوریّوں کے جُھنڈ نے دانہ چگنے کے لیے اُڑان بھری۔ سورج کی نرم کچی کرنوں نے اس کی بالکنی کو گلے لگایا تو اُسے محسوس ہوا کہ جینے کے جواز ابھی ختم نہیں ہوئے۔

''دادا میرا دل نہیں لگ رہا ہے... اب واپس چلیں ...... نہ معلوم میرے پھولوں کا کیا حشر ہوا ہوگا۔ بچّوں کی بھیڑ کے ارادے نیک نہیں معلوم ہوتے......!''

تم خواہ مخواہ وہمی ہوگئے۔ کسی نہ کسی فلیٹ میں سب برابر اکٹھا ہوتے ہیں۔ اس بار تمہارے فلیٹ کی باری ہے۔ آخر تمہارے بچّے بھی تو ان میں شامل ہیں...... گھبرانے کی کیا بات ہے......؟!''

''دادا...... میرا دل نہ جانے کیوں گھبرا رہا ہے...... یہ بے اماں کبوتروں کا اُڑتا ہوا غول دماغ میں عجیب قسم کی وحشت پیدا کررہا ہے۔ ان کی جائے اماں ان سے چھن گئی۔ گنبدوں کی بلندی دھول چاٹ رہی ہے۔ یہ کبوتر اب کہاں جائیں دادا...... انہیں کہاں آسرا ملے گا؟''

''تم ینگ مین ...... پازیٹو ہو کر سوچو تو ہر جگہ ٹھکانا ہی ٹھکانا ہے۔ گنبد، پہاڑوں کی سفاک چوٹیاں، پتھریلے غار اور گھنے جنگل کے درختوں کی ڈالیاں ...... موسموں کے سرد وگرم جھیلنے کے لئے تیّار رہو...... یار...... یار، اپنی کھال تھوڑی کھُری بناؤ!''

ہر طرف اندر ہی اندر مختلف آہٹیں تھیں۔

کہیں پھلجھڑیاں چھوٹ رہی تھیں، کہیں شہنائی پر ماتمی دُھن بج رہی تھی۔ ایک مدّت کے بعد وہ عجیب وغریب لمحہ ایک نقطے پر مُنجمد ہوگیا تھا، جہاں سے بیک وقت خوشیوں اور غم کے دھارے پھُوٹ رہے

تھے بظاہر چاروں طرف سراسیمگی اور گہراسنّاٹا تھا جو آنے والے بڑے طوفان کا نقیب معلوم ہو رہا تھا۔

سین دادا دونوں جذبوں سے یکسر بے نیاز تھے۔ان پر شہوانی جذبات حاوی تھے۔جن دوستوں کے ہاں جا رہے تھے،ان کی عورتوں کو للچائی ہوئی نظروں سے دیکھ رہے تھے۔کئی جگہوں سے ہوتے ہوئے وہ دونوں مسٹر تھامسن کے گھر پہنچے۔مسٹر تھامسن مہمان نواز انسان تھے۔انہوں نے جھٹ نئی بوتل نکال لی۔ گلاس سامنے رکھ دیے۔ان کے گھر کی نوجوان خادِمہ مس ریزہ بڑی پھرتی سے ہر کام میں ہاتھ بٹا رہی تھی۔

جھٹ پٹ اس نے فریج میں رکھے ہوئے گوشت کے قتلے کیے اور اُنہیں فرائی کر کے ان کے آگے رکھ دیا۔گرم گوشت سے اُٹھتی ہوئی بھاپ سے سین دادا کے جسم میں سنسنی کی لہر دوڑ گئی۔مسٹر تھامسن پہلے ہی سے شغل میں مصروف تھے۔ان کا نشہ آسمان کو چھو رہا تھا۔سین دادا بھی مست ہو رہے تھے۔ان سے برداشت نہ ہوا ۔انہوں نے نیم برشت کا جو کی پلیٹ لاتی ہوئی مِس ریزہ کی ننگی گرم پنڈلی پر اپنی لرزتی ہوئی اُنگلیاں رکھ دیں۔

اس نے بڑے پیار سے سین دادا کے ہاتھ کو اپنے ہاتھ میں لے کر عقیدت بھرا بوسہ دیا اور اُن کا پیگ بنا کر گلاس اُن کے ہونٹوں سے لگا دیا۔ایک لمحے کے لئے اُن کی مدّت کی پیاس بُجھ گئی۔دل کو قرار آ گیا۔دوسرے ہی لمحے ان کی تڑپ اور شدّت اختیار کر گئی۔شریانوں میں خون کا دباؤ بڑھ گیا------ اُن کی اُنگلیاں ایک بار پھر مس ریزہ کی بَرہَنہ پنڈلی کو چھوتی ہوئی اس کی سڈول جانگھوں کی طرف رینگنے لگیں۔

مس ریزہ کچھ دیر مبہوت رہی۔کوئی تاثُر اس کے چہرے پر نہیں تھا۔اس نے کوئی تعرّض نہیں کیا۔ان کی اُنگلیاں اور آگے بڑھنے لگیں۔

مِس ریزہ کی آنکھوں میں آنسو ڈبڈبانے لگے۔

دراصل مس ریزہ سین دادا کو دیکھ کر ماضی کی وادیوں میں کھو گئی تھی۔اُسے اپنا بچپن یاد آنے لگا تھا۔

''مائی لَو نگ ڈیر ریزہ......

لائف اِز این اینڈلس اسکائی......

یو ہیو ٹو گو لانگ وے......ویری لانگ......''

اس کے مُشفق باپ کی آنکھوں میں کیسے کیسے خواب تھے۔وہ باپ سے لپٹ گئی۔-ننّھے ننّھے پیروں سے اس کے کندھوں پر چڑھ گئی۔مسٹر سین کے چہرے کی اس کے باپ سے مشابہت نے اسے چشم زدَن میں ان کے قریب کر دیا تھا۔بعدازاں اس کے باپ نے تابوت میں سکونت اختیار کر لی۔ہواؤں کے دوش پر اُڑتی ہوئی پتّی کی طرح کئی جگہوں سے ہو کر اُسے تھامسن کے ہاں آسرا ملا تھا جو اس عِلاقے میں بڑا عزّت دار شخص گردانا جاتا تھا۔یہاں اُسے بہت دباؤ اور جبر میں ہنستے اور خوش دِکھتے ہوئے خود کو تھامسن کے حوالے کرنا پڑا تھا۔

اس کے لیے کوئی اور راستہ بھی نہ تھا۔کئی دروازے اُس نے بدلے تھے۔ہر دروازے پر زبانیں

لپلپاتے، سُرخ آنکھوں والے حیوان موجود تھے: رال ٹپکاتے۔ پھر مسٹر تھامسن کیا بُرے تھے۔ صاف ستھرے خوشبودار انسان۔ ان کے لمس میں کم از کم اُسے جمالیاتی طور پر کسی کراہیت کا احساس نہ ہوتا تھا۔ سین دادا مس ریزہ کی ان کیفیات سے بے خبر سرشاری اور لذت یابی کی اپنی دنیا میں محو تھے۔ وفور جذبات سے ان کے پلکیں مندنے لگی تھیں۔ مس ریزہ نہ چاہتے ہوئے بھی ان کے نزدیک کھڑی تھی۔ نشہ کی حالت میں بھی مسٹر تھامسن نے سین دادا کے ارادے کو بھانپ لیا تھا۔ وہ ایک دریا دل انسان تھے۔ شراب و کباب میں تو دوسروں کی شرکت پسند کرتے تھے، لیکن اور کسی نجی چیز میں اُنہیں کسی کی حصّہ داری منظور نہ تھی۔

اُنھوں نے خشم گیں نگاہوں سے مس ریزہ کی طرف دیکھا۔ مس ریزہ جس کی آنکھوں میں سین دادا کے لئے ہمدردی اُمنڈ آئی تھی، تھامسن کی یہ کیفیت دیکھ کر سٹپٹا گئی اور خالی پلیٹ اٹھا کر آنسو پونچھتی ہوئی کچن کی طرف بڑھ گئی۔ پھر وہ نظر نہ آئی۔ یہاں تک کہ ضرورت پڑنے پر مسٹر تھامسن کو اسے چیخ کر بلانا پڑا۔

اس نے سوچا، اس کے اور مس ریزہ کے دُکھ میں کس کا دُکھ بڑا ہے۔ غٹرغوں کرتے ہوئے کبوتروں کا غول اس کے سر پر منڈلانے لگا۔ اس نے ہامی بھری۔ اس سے بڑا غم تو ان بے امان کبوتروں کا ہے۔ جنہیں اب ساری عمر، ہجرت کا عذاب جھیلنا ہے...... کئی نسلوں سے وہ ان گنبدوں کے باشندے تھے...... لیکن اب......

اسے سین دادا اور مسٹر تھامسن کی مئے نوشی پر غصہ آنے لگا۔ سین دادا بولتے ہیں ینگ مین غم بھلاؤ...... انجوائے کرو...... ایسے حالات میں بھلا کوئی انجوائے کرسکتا ہے......

اندرونِ خانہ سے برتنوں کے گرنے کی آواز آرہی تھی۔

متوحّش سی ریزہ دوڑتی ہوئی آئی۔

''انکل...... ایک کبوتر گھر کے اندر داخل ہوگیا ہے...... بغل والے پڑوسی کی بلّی اس پر جھپٹنا چاہ رہی تھی...... کبوتر کچن میں برتنوں کے بیچ چھپ گیا ہے۔ بڑی مشکل سے میں نے بلّی کو بھگایا اور کچن کا دروازہ بند کرکے آرہی ہوں......!''

اس کا کلیجہ دھک سے ہوکر رہ گیا۔ اس نے سین دادا کی آنکھوں میں جھانکا پھر تھامسن کو دیکھا۔ نشے کی چمک ہونے کے باوجود ان کی آنکھوں میں کبوتر کے بارے میں سُن کر سراسیمگی پیدا ہوگئی تھی۔ دونوں کے سرجھک گئے۔ جیسے کوئی افتاد آپڑی ہو۔

اسی وقت باہر کے دروازے پر کسی نے دستک دی۔

''مسٹر تھامسن...... مسٹر تھامسن......!''

اداس اور سراسیمہ ریزہ نے دروازہ کھولا۔

پڑوسی مسٹر جان کھڑے تھے۔

''مِس ریزہ...... مسٹر تھامسن کو بلاؤ!''

''کیا ہے بھائی......!''مسٹر تھامسن نشے میں جھومتے ہوئے بھاری بھاری قدموں سے باہر آئے۔

''میرا کبوتر آپ کے یہاں آ گیا ہے......آپ جانتے ہیں میری مدر اِن لا پرانی مریض ہیں...... آج کل ان کے ہاتھوں میں سنسناہٹ رہتی ہے۔ڈاکٹر نے کبوتر کا سوپ تجویز کیا ہے......اسے ذبح کر رہی رہاتھا کہ اُڑ کر آپ کے یہاں چلا آیا......''

'ہاں......ہاں...... میرے یہاں آ کر چھُپ گیا ہے......ابھی ابھی مس ریزہ نے مجھے رپورٹ دی ہے......ایک بلّی بھی ہے جو اس کی جان کی دشمن بنی ہوئی ہے...... مس ریزہ جاؤ......ان کا کبوتر انہیں واپس کر دو......آیئے......آپ ڈرائنگ رام میں بیٹھیں مسٹر جان......کچھ ہو جائے جب تک......!''

''اوہ نو تھینکس......میں صرف ویک اینڈ میں لیتا ہوں......دوسرے روز چھٹّی رہتی ہے...... سویرے اُٹھنے کا چکر نہیں ہوتا......کمبخت کو لینے سے مجھے نیند بہت آتی ہے......!''

ہزار اندرونی شکست وریخت سے گزرنے کے بعد ناچار مس ریزہ کبوتر کو پکڑ لے آئی تھی......لیکن اس نے دیکھا کہ اُس کے پورے وجود پر کپکپاہٹ طاری تھی...... مسٹر تھامسن نے اس کی آوازوں کو سُنا۔بہت دنوں سے وہ اسے خود سے اسی طرح کی باتیں کہتے ہوئے سُن رہا تھا۔خاموش نگاہوں سے وہ بُد بُدا رہی تھی......لڑ نہیں سکتا تو بھاگ جا نا مرا......اُڑ جا......بستیوں سے دُور وسیع آسمانوں اور جنگلوں کی طرف بھاگ......

لیکن سہما ہوا کبوتر اس کی ہتھیلیوں میں سکڑتا سمٹتا چھُپنے کی کوشش میں مصروف تھا۔اور جب مسٹر جان نے تھینک یو......تھینک یو......کہتے ہوئے اُسے پکڑنے کے لئے ہاتھ بڑھایا تو میں مس ریزہ کے اندرون سے کسی نے اُچھال لگائی۔

اس منظر نامے میں اس کی سمجھ میں نہ آیا کہ کس میں لرزش زیادہ تھی......کبوتر یا مس ریزہ میں...... یا وہ خود زیادہ لرز رہا تھا۔یہ کبوتر کہیں......اچانک اُسے خیال آیا۔

بے اماں کبوتر......شاید ان میں سے ایک بوڑھی عورت کے ہاتھوں کو حرارت پہنچانے کے لیے مَذبح کا اسیر ہو گیا۔

مِس ریزہ نے ہتھیلیاں ڈھیلی کر دیں۔اس کے اندر کسی نے اُچھل کر جیسے اس کے ہاتھوں کو جھٹکا دیا۔

لڑ نہیں سکتے تو کم از کم بھاگ تو سکتے ہو......ہائے نامراد......تو نے یہ صلاحیت بھی کھو دی......!

کبوتر اُڑا اور روشن دان پر جا کر بیٹھ گیا۔

مسٹر تھامسن نے ایک طمانچا اس کے گال پر جڑ دیا۔وہ بے حد غصّے میں تھے۔مس ریزہ پر سکتہ

طاری ہوگیا۔ تھامسن نے ٹیبل پر اسٹول رکھ کر اُسے پکڑنے کا حکم دیا۔ اس کوشش میں اسٹول کھسکنے سے مِس ریزہ گری۔ اُسے شدید چوٹیں آئیں۔ سین دادا اُسے اُٹھانے کے لیے آگے بڑھے لیکن تب تک مسٹر تھامسن نے بڑھ کر اُسے اُٹھالیا تھا۔ ان کے سینے سے لگی ہوئی مِس ریزہ کانپ رہی تھی۔

وہ دونوں اُٹھ گئے۔

''اجازت ہو مسٹر تھامسن...... آپ کی محفل میں بڑا لطف آیا......!''

''لیکن یہ صاحب تو اتنے سوگوار ہیں کہ انہوں نے کوئی مزہ نہ لیا......!''

سین دادا نے بڑے پیار سے اس کے شانوں پر ہاتھ رکھ دیا۔ ویسے کنکھیوں سے وہ مستقل کانپتی ہوئی مس ریزہ کو دیکھے جا رہے تھے۔

''اس کی اُداسی برحق ہے......لیکن میرا کہنا ہے کہ خواہ مخواہ اُداس ہونے کا فائدہ کیا ہے......کوئی راستہ نکلتا تو ٹھیک تھا...... آپ کے پاس لایا تھا کہ انگور کی بیٹی کے ساتھ شغل کرے گا تو بہل جائے گا۔ لیکن یہاں کبوتر اور بلّی کا تماشا دیکھ کر یہ اور بھی اُداس ہوگیا۔ کوئی بات نہیں...... اپنی اپنی قسمت ہے...... آپ نے بڑی فیاضی دکھائی۔ اس گرما گرم محبت کا شکریہ......!''

رخصت ہونے سے قبل اُنہوں نے مِس ریزہ کو بھرپور نگاہوں سے دیکھا جو اس متوحش انداز میں بھی بَلا کی حسین لگ رہی تھی۔

''بائی بائی ریزہ...... بائی مسٹر تھامسن...... گڈ نائٹ......!''

اُس روز کئی دوستوں کے ہاں دونوں گئے تھے۔ سب نے اُس روز کے اہم ترین واقعے پر بات چیت کرنے سے گریز کیا تھا۔ لوگ دل ہی دل میں یا تو رو رہے تھے یا ہنس رہے تھے۔ عجیب بے بسی اور دلی خوشی کی کیفیتیں تھیں۔ جن سے مختلف لوگ اپنے اپنے حساب سے گزر رہے تھے۔ لیکن تمام کیفیات اور بے نیازی کے باوجود ایک سوال سب کو کریدر ہا تھا۔

''اب کیا ہوگا؟ آئندہ کیا ہونے والا ہے؟''

وہ اُوب گیا تھا۔ تھامسن کے ہاں اس نے بھی مئے نوشی کی۔ لیکن اسے نشہ آنا تو دُور، ہلکا سرور تک نہ ہوا۔ رہ رہ کر اُسے اپنے گملے کے پودوں، بالکنی اور بچّوں کے اجتماع کا خیال آرہا تھا۔ ایک عجیب تشویش میں وہ تمام وقت مبتلا رہا۔

اس علاقے کے تمام دوستوں کے ہاں سین دادا نے جی بھر کر انجوائے کرنے کے بعد واپسی کا ارادہ کیا۔ ان کے قدم لڑکھڑا رہے تھے۔ گلابی نشہ پورے وجود پر طاری تھا۔ ریزہ کی لمحاتی قربت نے اُنہیں عجیب کیف و سرور سے سرشار کر رکھا تھا۔ پھر بھی اتنا ہوش اُنہیں تھا کہ ہم سفر کی چارہ جوئی کرنی ہے۔ اسے اپنے پھولوں، پودوں

اور گملوں کی سلامتی کے تعلق سے ڈھارس بندھانی ہے۔ راستے بھران کا انداز پچکارنے اور دلارنے والا رہا۔

''گھبراؤ نہیں بچے ...... سب ٹھیک ہو جائے گا!''

گیٹ پر اپارٹمنٹ کے گارڈ نے ان کے داخل ہونے کے لیے رستہ چھوڑ دیا۔ چاروں طرف خاموشی تھی۔ اپارٹمنٹ کی سیڑھیوں پر اس نے سین دادا کو سہارا نہ دیا ہوتا تو وہ لڑکھڑا کر گر پڑتے۔ تیسری منزل پر بہ دقت تمام اُس نے دادا کی جیب سے ان کے فلیٹ کی چابی نکال کر ان کا انٹرلاک کھولا۔ انہیں ان کے فلیٹ کے اندر داخل کیا۔ یہ یقین ہو جانے کے بعد کہ دادا نے اندر سے چٹخنی لگالی ہے، وہ اپنے فلیٹ کی جانب روانہ ہوا۔ اوپر کی منزل کی سیڑھیاں طے کرتے ہوئے اس کے قدم کانپ رہے تھے۔ دل ایک انجانے خوف سے لرز رہا تھا۔

کال بیل بجانے پر بیوی نے دروازہ کھولا تو اس کی آنکھیں سوُجی ہوئی لگیں۔ جیسے بہت دیر سے روتی رہی ہو۔

''کیا حال ہے میرے پھولوں کا؟''

''خود دیکھ لو جا کر!''

بچّے اپنے بستروں میں گہری نیند میں مبتلا تھے۔ سب کے چہروں پر ایسی اذیتیں جیسے کوئی بہت ڈراؤنا اور تکلیف دہ خواب دیکھ رہے ہوں۔ آخر وہی ہوا جس کا ڈر تھا...... اس کے جسم میں کاٹو تو لہو نہیں۔ بالکنی کے کھُلتے ہی وہاں کے ٹوٹے پھوٹے منتشر حال زار نے اسے اپنی گرفت میں لے لیا۔ نُچے ہوئے پھول، موزائک کے فرش پر مسلی کچلی بکھری ہوئی پھولوں کی پنکھڑیاں...... ٹوٹے پھوٹے گملے...... گملوں کی مٹیوں کے جا بجا ڈھیر...... گوریّوں کے گھونسلوں کے مُنتشر تنکے...... گوریّوں کا کوئی پتہ نہیں تھا...... گلہری، تتلیاں اور بھنورے تو اب ایک مدّت تک دکھائی نہیں دیں گے۔ اس کی بالکنی کا سارا حُسن ملیا میٹ ہو چکا تھا۔

آخر بچّوں نے اپنے کھیل میں میرا سب کچھ...... اس سے کا اندیشہ صحیح نکلا۔ اس دن اپارٹمنٹ میں گھُسے سانپ کو چند بچّوں نے اپنے قبضے میں لے لیا تھا اور اس سے کھیلنے کے خطرناک عمل کے عادی ہو گئے تھے۔ اسی لیے تو بچّے اتنے زہریلے اور وحشی ہو گئے تھے۔

آسمان میں گنبد کے خون آلود کبوتروں کا غول مستقل جائے اماں کی تلاش اور کچھ کر گزرنے کے جنون میں چکّر کاٹ رہا تھا۔

بیوی سے اس کی نگاہیں ملیں تو اسے اچانک احساس ہوا کہ گھر میں میّت پڑی ہے اور باہر کرفیو میں اس کی تدفین ایک سنگین مسئلہ ہے۔

◄◄ ● ►►

رانی باغ

ا۔ خاک اور خمیر

کہتے ہیں خاک اور خمیر کے اَن دیکھے رشتے آسانی سے نہیں ٹوٹتے۔خمیر کی پکار میں زبردست لپک ہوتی ہے۔

انسان اکثر اپنے ہوش وحواس گنوا بیٹھتا ہے۔اسی تعلق سے اپنے وطن عزیز کی یاد پردیس میں اسے چین سے نہیں جینے دیتی۔

شاید اسی لیے ڈاکٹروں نے جب ڈھکے چھپے لفظوں میں رحمت صاحب کو ان کی موذی اور مہلک بیماری سے آگاہ کیا تو انہوں نے وطن واپس جانے کی ٹھان لی اور اس کے لئے اپنے بیٹوں سے ضد کرنے لگے۔

''میں اپنے وطن کی مٹی اور اپنے خمیر کی پکار پر لبیک کہنا چاہتا ہوں۔ایک عرصے سے میں طرح طرح کے خواب دیکھ رہا ہوں۔جگہ جگہ بھٹکنے کے بعد میرے قدم پہاڑ نما مٹی کے ڈھیر کے پاس رک جاتے ہیں۔میں اس مٹی کو اچھی طرح پہچانتا ہوں......وطن سے اتنی دور آکر اور یہاں کے طرح طرح کے خوشبودار صابن سے نہانے کے باوجود اس مٹی کی سوندھی مہک ابھی بھی میری قوت شامہ پر دستک دیتی ہے...رات کے سناٹے میں ان کی دستک سن کر کیا بتاؤں مجھ پر کیا گزرتی ہے......بس اب میں یہاں نہیں رکوں گا......!''

بیٹے خوشحال تھے۔ماں کے انتقال کے بعد باپ کا ہر طرح خیال بھی رکھتے تھے کہ مبادا انہیں تنہائی کے دکھ کا احساس ہو۔تاہم رات اور گھنے جنگل میں کوئی مخصوص بات جگنو کی طرح چمکنے لگے تو اکتاہٹ کے ساتھ ساتھ اس کی ہر لحظہ جلتی بجھتی پرکشش چمک میں بھی کسی راستے اور ٹھور ٹھکانے کا تعین آسان نہیں ہوا کرتا۔

اس نوع کی غیر متوقع مصیبتوں کے وقت انسان کی عقل کام نہیں کرتی۔ڈاکٹروں نے والد کے مرض کے بارے میں ان کے بیٹوں کو سب کچھ صاف صاف بتا دیا تھا۔زیادہ سے زیادہ دو سال۔اس مہلک مرض میں زندگی کی ڈور اچانک سمٹ کر تھرتھرانے لگتی ہے...اضطراب اور پریشانی کے عالم میں بیٹوں کے ماتھوں پر ٹھنڈک کے باوجود پسینے کی بوندیں چمک اٹھی تھیں۔

بیٹوں کے پاس پیسوں کی کمی نہ تھی لیکن وقت......

ایک اور دشواری دامن گیر تھی۔

بڑے بیٹے نے لجاجت سے ڈرتے ڈرتے کہا۔''ابو! ہم آپ کو وطن کی راجدھانی تک چھوڑ آئیں ......لیکن وہاں سے آبائی گاؤں حیدرنگر جانے کے خیال سے ہی جسم کے پرزے ڈھیلے پڑنے لگتے ہیں...دنیا بدلی لیکن آپ کے ہندوستان کے گاؤں اور شہر ایک مقام پر منجمد ہوگئے ہیں......''

پھر''آپ کے ہندوستان'' کی ترکیب پر بیٹے کو ہنسی آگئی......وہ بھی تو اسی......

باپ اپنی دنیا میں محو تھا اس کے باوجود اس نے محسوس کیا کہ بیٹا اس سے بات کرتے کرتے اچانک خاموش ہوگیا۔تھوڑے توقف کے بعد بیٹے نے گلا کھنکار کر کہنا شروع کیا۔

''ابو! آپ کی ہر خواہش سر آنکھوں پر......لیکن آپ......'' بڑا بیٹا پھر ہکلانے لگا۔

''آپ اپنے فیصلے پر نظر ثانی کر لیتے تو بہتر تھا۔دنیا کی ساری مٹی خدائے پاک کی بنائی ہوئی ہے۔خمیر کی پکار پر لبیک کہنے کی بات آپ ترک کر دیتے تو ہم سے زیادہ خود آپ کو عافیت ہوتی۔''

والد کی پھٹی پھٹی آنکھیں چھت کو گھور رہی تھیں۔وہ جیسے کچھ بھی نہیں سن رہے تھے۔

''ابو!''

بڑے بیٹے نے ہلکے سے ان کا کندھا دبایا۔

''ابو! آپ میری بات نہیں سن رہے ...اللہ آپ کا سایہ قائم رکھے۔اس عمر اور صحت کی اس حالت میں آپ کا اتنا لمبا سفر کرنا مناسب نہیں۔اور پھر ملک سے ملک تک کا سفر تو پھر بھی آسان ہے لیکن اس ملک میں ایک جگہ سے دوسری جگہ اور وہ بھی آبائی گاؤں تک......میں تو پناہ مانگتا ہوں وہاں جانے کے تصور سے......''

آخری جملہ اس نے زیر لب کہا کہ مبادا اس کے ابو سن لیں۔

قدرے توقف کے بعد اس نے پھر بولنا شروع کیا۔

''ابو......آپ سمجھا کریں......کہنے کے لئے وہ گاؤں لبریٹڈ گاؤں ہوگیا ہے،عوام کی طاقت بھی بڑھی ہے......لیکن وہاں کوئی ترقی ورقی نہیں ہوئی ہے......رشتہ داروں کے خط گمراہ کن ہیں......یہ بات جھوٹ ہے کہ مور چہ والوں سے غریب خوش اور کھاتے پیتے لوگ نالاں ہیں...سب کے سب وہاں سے نکلنے کے متمنی ہیں......''

اس کے ابو اس کی زیر لب باتیں تو دور......زور سے کہی گئی باتیں بھی نہیں سن رہے تھے۔وہ چپ چاپ اور گم صم ایک ہی تمنا کی متلاطم لہروں پر ہچکولے کھا رہے تھے......جیسے بھی ہو......اپنے وطن پہنچ جائیں......اپنے جسم کی مٹی کے نزدیک رہیں۔کب اوپر والے کا بلاوا آجائے......پھر رحمت صاحب چھت

کوگھورتے گھورتے کھوتے چلے گئے۔عنفوان شباب کا ایک منظران کے جی کا جنجال بنا ہوا تھا۔

۲ بچپن کی ضخیم کتاب کا روشن باب

چھوٹے بڑے بچوں کے اچھلتے کودتے قدموں کی آہٹیں......پھلجھڑیوں جیسی ہنسی اور قہقہوں کی ننھی ننھی پھواروں سے شرابور......آنکھ مچولی کھیلتے ہوئے ہمجولیوں کے گرد آلود چہرے......

متحرک پیڑ پودوں کی شکل اختیار کرتے ہوئے بچے باغ کا اٹوٹ حصہ بن گئے تھے۔

ملگجی شام...رانی باغ کے احاطے میں کھیل کے دوران ان کا ہاتھ غلطی سے بہکا تو انگلیاں پہلی بار پھڑپھڑاتے ہوئے نرم وگرم نسائی جسم کے تحریک خیز اور ترغیب انگیز لمس سے آشنا ہوئیں۔پہلی بار انہیں ایسا لگا جیسے ان کا ہاتھ بجلی کے تار سے چھو گیا۔

گھٹنوں کے اردگرد بانہیں لپیٹے، ناز وادا کے ساتھ سر کو گھٹنوں پر رکھ کر بیٹھی ہوئی رانی دم بخود رہ گئی اور انہیں عجیب سی نگاہوں سے دیکھنے لگی۔ان کے جسم میں چیونٹیاں رینگنے لگیں۔نسوں میں پٹاخے چھوٹنے لگے۔رانی کے ہونٹوں پر عجیب وغریب مسکراہٹ نمودار ہوئی۔

پھڑپھڑاتے ہوئے کبوتروں کا ایک جوڑا بیتابی کے عالم میں سب سے بے خبر درخت کی گھنی شاخوں کی تلاش میں سرگرداں تھا۔

''ذرا دیکھوں تمہاری نظروں کو...اسی طرح دیکھو مجھے......ٹکٹکی باندھے......ویسے ہی ہاتھ رکھو......گھٹنوں کے گر......''

رحمت کی آواز بوجھل ہوتی جارہی تھی۔مخمور نیم وا آنکھوں سے رانی کو گھورتے ہوئے وہ اس کی آنکھوں کی گہرائی میں ڈوبتے چلے جارہے تھے۔چراغ کی لو کی طرح تھرتھراتی ہوئی شہد رنگی آنکھوں والی رانی نے انہیں ترچھی نظروں سے دیکھتے ہوئے اوڑھنی سے اپنے سینے کو اچھی طرح ڈھانپنے کی کوشش کی۔ہانپتی ہوئی گرم تیز سانسوں کا زیروبم بڑھ گیا تھا جو اس کی آبی اوڑھنی سے بار بار جھانک رہا تھا۔وہ عجیب کیفیت میں مبتلا تھی۔شروع میں اس نے ہتھیلیوں کو سخت کرتے ہوئے مزاحمت کی کوشش کی۔چہرے کا معنوی اور ہیئتی ارتکاز دھندلکے میں گم ہوتا دکھائی دیتا تھا۔پھر اس کے ہاتھ ڈھیلے پڑ گئے۔چشم زدن میں وہ اپنے آپے میں نہیں تھی۔بے بس نگاہوں سے رحمت کو ٹکٹکی باندھے دیکھ رہی تھی۔

تمام جونیئر لڑکے لڑکیاں شام کے دھندلکے اور آسمان میں امنڈ آئے گہرے بادلوں کو دیکھتے ہوئے اپنے ماں باپ کی ڈانٹ کے ڈر سے اپنے اپنے گھروں کو جا چکے تھے۔

شام کی نیم تاریکی میں باغ کے کونے کی گھنی جھاڑیوں سے اٹکھیلیاں کرتی ہوئی ہوا ہلتی ہوئی

شاخوں کو چھوتی ہوئی ان دونوں کی سرگوشیوں سے لپٹی ہوئی پراسرار گونج پیدا کر رہی تھی۔

دور آسمان میں غروب ہوتے ہوئے سورج کی لال ٹکیہ اور گھنے کالے بادل کے درمیان زبردست دھینگا مشتی جاری تھی۔ اچانک گھنے کالے بادل کا دبیز ٹکڑا بھاری پڑا اور سورج کا سر قلم کرتے ہوئے نیچے کی طرف گرا۔ سورج کی گردن سے لہو کا فوارہ ابلنے لگا...... شفق کی تیز سرخی سے افق کا ایک کونا لہولہان ہو گیا... شفق کی سرخی کے کچھ چھینٹے چھٹک کر زمین میں جذب ہو گئے۔

شہد رنگی آنکھوں والی رانی نیم غنودگی کے عالم میں آنکھیں موندے گٹھری بنی ہوئی پڑی رہی۔ پھر اچانک تن کر کھڑی ہو گئی۔ اسے شدت سے رونا آیا۔ اس نے متجسس آنکھوں سے جھاڑیوں اور زمین کی طرف دیکھا جیسے اس کی کوئی قیمتی چیز گم ہو گئی ہو۔

کچھ دیر بعد وہ پیچھے ہٹی۔ ان کی طرف خشمگیں نگاہوں سے دیکھا اور پیر پٹختی ہوئی یہ جا وہ جا۔

اس کی ٹانگیں کانپ رہی تھیں۔ انہوں نے محسوس کیا کہ کوشش کے باوجود وہ اپنی ٹانگوں کی تھرتھراہٹ پر قابو پانے میں ناکام تھی۔ انہیں رانی سے بے پناہ ہمدردی ہوئی۔ دل میں اس کے لئے پیار کا اتھاہ سمندر موجیں مارنے لگا...... انہوں نے چاروں طرف نگاہ دوڑائی...... رانی کی اوڑھنی کا پھٹا ہوا ٹکڑا کانٹے دار جھاڑیوں میں پھنسا ہوا ہل رہا تھا۔ بڑی مشکلوں سے انہوں نے اوڑھنی کے اس ٹکڑے کو کانٹوں سے الگ کیا اور سنبھال کر اپنی جیب میں رکھ لیا...... رانی اوڑھنی کے پھٹنے سے بے خبر تھی۔

بہت دنوں تک وہ انہیں نظر نہ آئی۔ ایک دو بار دور سے جھلک ملی تو ان سے نظریں چراتی رہی۔ اپنی اوڑھنی کو لے کر وہ چوکنا رہنے لگی۔ پھر ان لوگوں کی ٹولی سے گریز کرنے لگی تھی۔ اس کا نکلنا بھی بہت کم ہو گیا تھا۔ شاید ماں باپ نے اوڑھنی پھٹ جانے کے واقعے سے خفا ہو کر اس کے باہر نکلنے پر قدغن لگا دی تھی۔

کتنے سہانے دن تھے...... بے فکری اور موج مستی...... کیسے کیسے معصوم اور شریر دوست...... لڑتے جھگڑتے، پھر بھی ساتھ نہیں چھوڑتے...... ماں باپ سے ڈانٹ سنتے...... مار کھاتے... پھر بھی چھپ چھپا کر گھر سے نکلتے اور یاروں کی ٹولیوں میں شامل ہو جاتے۔ اس باغ میں دھما چوکڑی مچاتے ہوئے آسمان سر پر اٹھا لیتے......

کہتے ہیں، ان کے اجداد کے ترکے میں ملے ہوئے خاندانی باغ کا نام "آزاد باغ" اس وقت پڑا جب اس علاقے کے لوگوں نے ان کے خاندان کے چند بزرگوں کی قیادت میں انگریزوں سے مقابلے کے لئے خفیہ میٹنگ کا انعقاد کیا تھا۔ غلامی سے رہائی کی اس زمانے میں ساری تجویزیں اور حکمت عملیاں اسی آزاد باغ کے گھنے پیڑوں کے سائے میں طے ہوا کرتی تھیں۔ اس علاقے میں آزادی کی سرگرمیوں کا وہی باغ منبع بنا ہوا تھا۔

لیکن یہ تو جانے کب کی سنی سنائی باتیں تھیں۔ انہوں نے تو اس باغ کو اپنے بچپن کے گہوارے کے روپ میں یاد رکھا تھا اور بچپن کی ضخیم کتاب کے سب سے روشن باب کا نام تھا ''رانی''

رانی کی آواز اور شخصیت دونوں میں نغمگی اور سریلا پن تھا۔ رحمت صاحب اس کی لاہوتی آواز اور ہوشربا بدن دونوں کے دیوانے تھے۔ میرا کے بھجنوں میں اسے خصوصی مہارت حاصل تھی۔ رحمت صاحب اس کی آواز کے جادو اور اس کے بدن کی حرارت میں تحلیل ہوتے چلے جاتے۔ان کے اور دیگر ساتھیوں کے کہنے پر جب رانی کوئی راگ الاپتی تو باغ میں کوکتی ہوئی کوئل خاموشی اختیار کر لیتی تھی۔

آزاد باغ میں انہیں رانی کے توسط سے تجربے کی جو انوکھی دولت ملی تھی، اس کے لئے وہ عمر کے کسی حصے میں اسے فراموش نہیں کر پائے۔ ممنون نگاہوں نے کبھی ان کی اچھی خاصی نئی نویلی دلہن کو جی بھر کر دیکھنے اور حظ اٹھانے کے لئے آمادہ نہیں کیا۔ ہر وقت رانی کی شہدرنگی آنکھیں، سانچے میں ڈھلا مرمریں جسم ،کولہوں کے ابھار کو چھوتے ہوئے لہراتے بال اور زندگی کا پہلا تجربہ ان کے ذہن پر حاوی رہتے اور وہ اپنی بیوی کے ساتھ انصاف نہیں کر پاتے۔

ان کے دل نے ''آزاد باغ'' کی جو تصویر بنائی، اس کے صدر دروازے پر ''رانی باغ'' کا سنہری جلی حروف میں لکھا ہوا بورڈ آویزاں کر دیا۔تب سے آزاد باغ ان کے تحت الشعور میں ''رانی باغ'' کے نام سے متشکل ہو گیا۔ اور ان کے دل میں اس کا ہری بھری جھاڑیوں والا کونا روشن استعارے کی صورت اختیار کر گیا...اپنی زندگی کے اس سب سے قیمتی سرمائے کو انہوں نے ہمیشہ سنبھال کر رکھا اور مصیبت کے لمحوں میں صبر و استقلال پیدا کرنے کے لئے اس سہارے کا استعمال کیا۔ جب وہ کسی گہری اذیت اور پریشانی میں مبتلا ہوتے ،تناؤ سے رہائی حاصل کرنے کے لئے بار بار یادوں کے اس دریا میں غواصی کی راہ اختیار کرتے۔

۳ جبر و اختیار کی کشاکش

پتا نہیں ان کے بچپن اور عنفوان شباب کے زمانے کے دوست کس انجام کو پہنچے...... ہر آدمی جبر و اختیار کی کشاکش جھیلتا زندگی کی چکی میں پستا ہوا اپنے انجام کو پہنچنے کے لئے پوری قوت صرف کرتا ہوا مصروف کار رہتا ہے...... رائیگاں انجام...... جس کے آگے لاحاصلی اور اکارت کے اندھیروں میں کچھ دکھائی نہیں دیتا...... نامراد انسان کچھ بھی کر لے...... بے ثباتی اور مقدر کے شکنجے سے باہر نہیں نکل سکتا۔ سائنس کی ساری ترقی کے باوجود اب تک موت کا کوئی حل سامنے نہیں آیا...کلوننگ ولننگ ...تصویر صاف نہیں ہے......اپنے چہرے اور اپنے جسم کو دائمی بنالیں گے......لیکن تیزی سے گزرتا اور بدلتا ہوا وقت ...اور کیفیات......ان کا تقید کن مشینوں سے ہوگا۔

انہوں نے خواب میں بھی نہیں سوچا تھا کہ ان کا انجام اس طرح منتج ہوگا۔

ان کا تو مصمم ارادہ تھا کہ گرین کارڈ حاصل کر کے یہیں بودوباش اختیار کرلیں گے... لیکن اس حالت کو پہنچنے کے بعد امریکہ ہر لحظہ انہیں کاٹنے کو دوڑ رہا تھا... سچ ہے انسان کا اپنے مقدر پر اختیار کہاں۔ جبر واختیار کے مراحل اسے بڑی بے دردی سے کٹھ پتلی میں تبدیل کرنے کے درپے رہتے ہیں۔

بس اب کسی طرح اپنے خمیر تک پہنچ جاؤں اور لپٹ کے رووٴں...... ہمیشہ ہمیشہ کے لئے اس کی بانہوں میں سو رہوں۔

چھوٹے بیٹے نے بڑے بھائی کے کندھے پر ہاتھ رکھ دیا۔

''بھائی! انہیں سمجھانے کا کوئی حاصل نہیں۔ ان کے جانے کا انتظام کرنا ہوگا... کسی ایک کو چھٹی لینی ہوگی... کہتے ہیں آدمی کا جب چل چلاوٴ نزدیک ہوتا ہے تو اسے اپنا خمیر، اپنے بچپن کے ساتھی... بچپن کی یادیں...... عنفوان شباب کا پہلا پیار...... سب بہت یاد آتے ہیں...... آدمی ان آبسیشنز کا اسیر ہو کر رہ جاتا ہے۔''

بڑے بھائی کی آنکھوں میں سراسیمگی تھی۔

''کیا ہر بوڑھا اسی حالت کو پہنچتا ہے...... اپنے بچپن کی طرف مراجعت کا سفر اختیار کرتا ہے...... حتیٰ کہ قبر کو ماں کی گود سمجھ کر اس میں پناہ حاصل کرتا ہے......''

امریکہ کی یونیورسٹی میں اردو کی معلّمی کرتے ہوئے بڑے بیٹے نے بڑبڑاتے ہوئے یہ سب باتیں خود سے کہیں۔ بڑے بھائی کا متفکر چہرہ دیکھ کر چھوٹا بھائی پریشان ہو اٹھا۔

''بھائی...... آپ کو پریشانی ہے تو میں ہی چھٹی کے لئے ٹرائی کروں گا...!''

بڑے بھائی نے تردید کی۔

''یہ بات نہیں......!''

اس نے قدرے توقف کیا۔

''تب......؟''

''میں بھی یہی سوچ رہا تھا کہ ابو کو سمجھانے کا کوئی حاصل نہیں... ہم لوگوں کی باتوں سے بے نیاز سوچوں میں مستغرق وہ جانے کن دنیاؤں میں کھوئے ہوئے ہیں... ان کے ہونٹوں پر چھوٹی چھوٹی مسکراہٹوں کی لہریں اٹکھیلیاں کر رہی ہیں۔''

''ان کی آنکھیں دیکھئے۔''

چھوٹے بھائی نے گہری سانس لیتے ہوئے بڑے بھائی کا ہاتھ دبایا۔

بڑے بھائی نے خاموشی اختیار کر لی تھی۔ وہ کسی گہری سوچ میں گم تھے۔ ان کا ہاتھ ٹھنڈا تھا۔

دونوں نے ایک دوسرے کو گہری آنکھوں سے دیکھا۔ پھر ابو کی آنکھوں کی طرف...... نوجوانی کی دہلیز میں قدم رکھتی ہوئی آنکھیں...... رمز و اسرار کے بوجھ سے دبی ہوئی۔

ملگجی اندھیرا چھاتا جا رہا تھا اور دونوں کسی خندق میں گرتے جا رہے تھے۔

''سن رہے ہو تم دونوں......؟''

اچانک دونوں چونک اٹھے۔ جیسے گہری نیند سے جاگ گئے ہوں۔

'' سن رہے ہو......؟''

رحمت صاحب بستر پر نیم دراز چلا رہے تھے۔ انہوں نے عجیب و غریب لہجہ اختیار کر لیا تھا۔ ''تم لوگوں نے سنا کہ ڈاکٹر نے کیا کہا...... میں سب سمجھتا ہوں...اب میرا کوئی ٹھیک نہیں...تم دونوں نے میری باتیں نہیں سنیں...میں واپس جانا چاہتا ہوں...... اپنی مٹی میں دفن ہونا چاہتا ہوں......!''

''ہاں ابو......!''

مودبانہ لہجے میں بیک وقت دو آوازیں گونجیں۔ ''بینک کی میری ساری سیونگس، سارا ڈپازٹ نکال لو...... لیکن کسی بھی طرح میرے جانے کا بندوبست کر دو...... ایک ایک لمحہ مجھے پہاڑ سا لگ رہا ہے......!''

۴ مراجعت

دور کے رشتے کے ایک آدمی وطن لوٹ رہے تھے۔ تین سال کے طویل وقفے کے بعد۔

دونوں بیٹے ابو کو پہنچانے کی زحمت سے بچ گئے۔

انہیں پوری بات نہیں بتائی گئی۔ بیٹوں نے ان کے ساتھ رحمت صاحب کے جانے کا بندوبست کیا تو انہیں کوئی اعتراض نہ ہوا۔

وہ تو بس اپنے گاؤں پہنچنا چاہتے تھے۔ انہیں تنہا بھی جانا پڑتا تو وہ باز نہ آتے۔ ایک بار اور شاید آخری بار وہ جو کچھ ٹھان چکے تھے اس پر عمل درآمد کے لئے ہر طرح تیار بیٹھے تھے۔

''تم لوگوں نے اسے میری بیماری کے بارے میں بتا دیا ہے؟''

انہوں نے بس اتنا ہی پوچھا۔

''اس کی کیا ضرورت ہے ابو...خواہ مخواہ پریشان ہو اٹھتے کہ......''

''ہوں......!''

رحمت صاحب نے گہری سانس لی۔

''تو مجھے صحت مند دکھنے کی اداکاری کرنی پڑے گی......!''

مایوسی کے اس عالم میں بھی وہ زیرلب مسکرائے بغیر نہ رہ سکے۔

۵ البیلے پنچھیوں کا تعاقب

ہوائی جہاز کی سیٹ پر بیٹھے بیٹھے رحمت صاحب نیم غنودگی کے عالم میں ہواؤں کے دوش پر اڑ رہے تھے۔

اندھیرے میں ایک سراپا جگ مگ کر رہا تھا۔

''رانی......!'' وہ بڑبڑائے۔

سانچے میں ڈھلا ہوا مرمریں بدن انگڑائیاں لے رہا تھا۔ رحمت صاحب کی آنکھیں اس کے چہرے سے ہوتے ہوتے اس کے کولہوں کے ابھار کو چھوتے ہوئے لمبے بالوں کی طرف مرکوز ہو گئیں۔ انہیں دیکھ کر بل کھاتی ہوئی گھٹاؤں اور لہراتے ہوئے سانپوں کا گمان ہوتا تھا۔

تتلیوں اور البیلے پنچھیوں کے تعاقب میں ان کے اور رانی کے پاؤں میں کانٹے چبھ رہے تھے۔ کوئی دل پسند تتلی یا خوش نما پرندہ ان کے ہاتھ کبھی نہیں لگا۔

چھوٹے سے اس خوش حال گاؤں میں مذہب وملت، ذات پات اور مسلک کی ایسی کوئی تفریق نہ تھی۔ منڈل اور کمنڈل کا عفریت بوتل سے باہر نہیں نکلا تھا۔ گجرات کا نیا محاورہ وضع نہیں ہوا تھا۔ دوسری جنگ عظیم، ملک کی آزادی، تقسیم ہند اور فرقہ وارانہ فساد کے باوجود وہاں امن چین تھا۔ آزادی کے بعد دیکھے گئے سنہری خواب ٹوٹنے شروع نہ ہوئے تھے۔ لوگوں میں خیر سگالی اور بھائی چارہ تھا...لیکن ایسی روشن خیالی بھی نہ تھی کہ رحمت اور رانی ایک ہو سکتے۔

ان دونوں کی آنکھوں کی تڑپ اور بے قراری کو دیکھتے ہوئے محض انداز اور شک وشبہے کی بنیاد پر بات کا بتنگڑ بنایا گیا۔ سسرال میں رانی مزید سخت گیریاں جھیلنے لگی...ان کے منہ سے چیخ نکل گئی۔

کہاں ہو رانی......اپنی گھر داری میں خوش تو ہو......؟

پھر سناٹا چھا گیا۔

طیارے کی زوں زوں کی آواز چہار طرف سے مسافروں کو تھپکیاں دیتی رہی۔

''میں بے کلی میں مبتلا ہوں رانی......ڈاکٹروں نے جواب دے دیا ہے......زیادہ سے زیادہ

دوسال......''

بغل میں بیٹھے ہوئے نگراں ہم سفر نے ان کی بڑبڑاہٹ سن کر ان کی طرف غور سے دیکھا۔ ان کی آنکھوں سے زاروقطار آنسوؤں کی لکیریں رواں تھیں۔ انہیں ہوش نہیں تھا کہ وہ اس وقت طیارے میں بیٹھے اپنے وطن کی طرف لوٹ رہے تھے۔

۶ سونی بانہیں دہلیز کی

مسلسل ظلم دیکھتے اور سہتے رحم دل انسان کو بھی ظالم بننے پر مجبور ہونا پڑتا ہے۔ وہ آزاد باغ جوان کے اجداد کے ترکے کا حصہ تھا اور جہاں سے بہت پہلے اس علاقے میں انگریزوں کے خلاف آزادی کا بگل پھونکا گیا تھا، اب ان جیالوں کے قبضے میں تھا جو موجودہ ظلم کے خاتمے کے لئے کمر کس چکے تھے۔ گاہے بگاہے وہاں سے گولیاں چلنے کی آوازیں آتیں۔ گاؤں والے جانتے تھے کہ موجودہ دور کے انقلابیوں کا گڑھ بن چکا تھا۔ پولس بھی اُس طرف جانے سے احتراز کرتی تھی۔

رحمت صاحب نے جب اس باغ کی طرف جانے کی خواہش ظاہر کی تو لوگوں نے انہیں حیرت سے دیکھا۔ ان کے چہروں پر ہوائیاں اڑنے لگیں۔ ان لوگوں نے متنبہ کیا۔

''بھولے سے بھی اس طرف نہ جایئے گا......!''

''اس باغ کی ہریالی کیسی ہے؟''

''تتلیاں اور البیلے پنچھی وہاں آتے ہیں یا نہیں؟'' کسی کے پاس ان کے سوالوں کا جواب نہیں تھا۔ گاؤں میں یوں ہی بلا مقصد گھومتے چلے جاتے۔ کچھ پرانے لوگ انہیں پہچانتے تو گلے ملتے۔ آنکھیں اشک بار ہو اٹھتیں۔

''بس اپنے جسم کی مٹی کی پکار پر چلا آیا ہوں۔ اپنے وطن کی خاک باہر کے سونے چاندی کے ڈھیروں سے زیادہ قیمتی ہے!''

معانقہ کرنے والا انہیں حیرت سے دیکھتا رہ جاتا۔

دن بھر وہ پہاڑی، میدان اور کھیتوں کی پگڈنڈیوں کے چکر کاٹتے رہتے۔ اداس اور متجسس نگاہیں کسی کو ڈھونڈتی رہتیں۔ ایک خاص مکان کی سونی دہلیز کے پاس پہنچ کر وہ رک جاتے اور یوں دیکھتے جیسے آنکھیں سجدہ کرنے کو بیتاب ہوں......انہیں کسی کل چین نہیں تھا۔

۷ روح میں لمس کے سائے

ایک کہر آلود سہ پہر کی بات ہے۔

ایک روز گاؤں کی کچی سڑک پر بلا ارادہ چلے جا رہے تھے کہ اچانک دور سے آتا ایک سراپا جھپاک سے جگمگا اٹھا۔ اس کے بدن سے ہر سو روشنی پھوٹ رہی تھی جوان کی آنکھوں کے آگے چکا چوندھ پیدا کر رہی تھی۔

وہ چونک اٹھے۔

''وہی ہے......!'' دل نے سرگوشی کی۔

ان کے اردگرد رنگین تتلیاں منڈلانے لگیں۔ البیلے پنچھیوں کی چہچہاہٹ سے پوری فضا گونج اٹھی تھی۔

وہی سرو قد سراپا...... وہی اب بھی سانچے میں ڈھلا ہوا مرمریں جسم...... انگڑائیاں لے تو ساری کائنات سجدہ ریز ہوتی دکھائی دے۔

اس کے گلے میں رُدراکش کا ہار اس کی رعنائی، ملاحت اور تقدس کو دو چند کر رہا تھا۔

''تم رانی ہو......؟''

رحمت صاحب دم بخود رہ گئے

''ہاں......اور تم رحمتے......؟

سراپا رک کر آنکھیں پھاڑ پھاڑ کر اسے دیکھ رہا تھا۔ چشم زدن میں بھک سے رانی باغ اپنے پراسرار کونے، ہلتی ہوئی جھاڑیوں، خنک ہواؤں کے جھونکوں اور کوکتی کوئلوں کے ساتھ روشن ہو گیا۔ پورا ماحول مدھر سنگیت اور بھاری من کے اٹھتے ہوئے دھوئیں سے پراسرار شکل اختیار کر گیا۔ سریلی آواز کے ساتھ رانی خاموش ہونٹوں سے نغمہ سرا تھی۔ اس کے اندر سے کوئی چیخ چیخ کر پوری فضا پر سکتے کا عالم طاری کر رہا تھا۔ اس کی گردن کی تنی ہوئی نسوں اور شکن آلود پیشانی کو دیکھ کر اسے اپنے اندر کسی پھڑ پھڑاتے ہوئے پرندے کی کسمساہٹوں کا گمان ہوا۔

خاک کے ڈھیر پر
قدموں کے نشان
ڈھونڈنے سے بھی نہیں ملتے
روح میں تمہارے لمس کے سایوں کا ارتعاش
ابھی تک موجود ہے تازہ زخم کی طرح
کہیں کسی وعدے کی کوئی خوشبو نہیں
گرم سانسوں کا کوئی سراغ نہیں
دور دور تک کسی کی کوئی آہٹ نہیں

لیکن میری روح میں تمہارے لمس کے نشان
اب بھی تازہ ہیں
اب بھی

انہوں نے ڈرتے ہوئے قدرے ہمت سے کام لے کر کہا۔

''تم اب بھی تقریباً ویسی ہی ہو...... اتنے برسوں بعد بھی...... میں نے تمہیں ہر جگہ ڈھونڈ...... کہتے ہیں بچھڑنے والے نہیں ملا کرتے...... لیکن......''

شرم وحیا کی لہر سے اس کے کانوں کی لویں سرخ ہوگئیں۔ رانی نے سر جھکا لیا۔ نظریں پیروں کی جانب مڑ گئیں جہاں کثرت استعمال کے باعث مرمت طلب چپل کے تلے پر پیروں کے انگوٹھے اپنا دباؤ بڑھا کر پورے جسم اور عود کر آئی شرم وحیا کے تلاطم کا بوجھ سنبھال رہے تھے۔

''تم کچھ بوڑھے ہو گئے ہو...... لیکن تمہاری آنکھوں کی چمک اب بھی ویسی ہی ہے...... بالکل ویسی ہی جیسی نوجوانی کے زمانے میں تھی...... تم بدلنے کے بعد بھی نہیں بدلے......!''

ٹھنڈی اور گہری سانسیں لیتے ہوئے رانی نے رک رک کر کہا۔

''آؤ...... کسی کھیت کی منڈیر پر بیٹھتے ہیں......''

رانی نے بتایا کہ وہ بیوہ ہو چکی تھی اور سسرال والوں نے میکے ڈھکیل دیا تھا۔ اس کے شوہر سے اسے کوئی اولاد نہیں ہوئی۔

''کیوں...... کیا ہوا رانی؟''

رانی نے جواب دینا مناسب نہ سمجھا۔ اس کے ٹوکنے پر بھرّائی ہوئی آواز میں بولی۔

''ہمیشہ تم میرے خیالوں میں ہوتے تھے۔ کانوں کان ایک دن تمہارے بارے میں ان لوگوں کو پتا چل گیا...... مجھے سیتا کی طرح اگنی پریکچھا دینے کے لیے کہا گیا...... میں کہاں سے دیتی...... میں تو من ہی من اور...... کب کی تمہاری اردھانگنی بن چکی تھی...... تم بھی مجھ سے بہت دور چلے گئے...... سچ پوچھو تو میں کھل کر اس کی کبھی نہ ہو سکی...... وہ بھی میرا نہ ہوا۔''

رانی نے توقف کیا۔ گہری گہری سانسیں لیتے ہوئے اِدھر اُدھر دیکھا۔ پھر آکاش کی طرف دیکھتے ہوئے آگے بولی۔

''مالک نے مجھے بانجھ ہونے کا ڈنڈ دیا۔ تم سے دل لگانے کی سزا تو بھوگنی ہی تھی!''

کن انکھیوں سے اس کی طرف دیکھتے ہوئے رانی زیرلب مسکرائی۔

رحمت کے دل میں اس کی مسکراہٹ کی معنی خیزی، چہرے کی سادگی اور اداؤں کی معصومیت کو دیکھتے ہوئے بے پناہ پیار امنڈ آیا۔

''کیسی ہو رانی ؟''

''اپنے بوڑھے ماں باپ پر بوجھ بنی ہوئی ہوں۔ دل گھبراتا ہے تو گھر سے نکل پڑتی ہوں...... بلا مقصد خاموش گھومتی رہتی ہوں...... پاگل کی طرح ڈھونڈتی پھرتی ہوں جیون کا ارتھ... کیا پتا تھا آج اچانک اتنا بڑا خزانہ ہاتھ لگ جائے گا......!''

کچھ دیر وہ خاموش رہی۔ پھر بُدبُداتے ہوئے کانوں کے قریب ہونٹوں کو لا کر بولی۔

''میرا بھی تو زندگی بھر بھٹکتی رہی تھی رحمتے ......اسے کیا ملا تھا......؟

خالی ہاتھ صحرا کی خاک چھانتی رہی...... میں تو پھر بھی لکی ہوں......کیوں رحمتے ؟''

اس نے کان کی لو کو چھوتے ہوئے سوال کیا۔ اس سے پہلے کہ رحمتے کچھ کہتا، سرگوشیوں میں بولی

''آج گھر پہنچ کر کرشن جی کی تصویر سے پیلے پھولوں کی مالا ہٹا کر لال پھولوں کی مالا پہناؤں گی۔''

رحمت نے سوچا...... رانی اس سمندر کی مانند ہے جو دنیا کی ساری غلاظتوں اور اس کے جیسے سوگوار انسانوں کے سارے دکھوں کو اپنے سینے کے اندر ضم کر لیتا ہے... اور کناروں کو صاف وشفاف لہروں کی خوشیاں بانٹتا ہے۔

''رانی...... تم سچ مچ عظیم ہو...... میں وہ زندہ لاش ہوں جو تمہیں کھو کر ساری عمر پیاس کی شدت میں دریا دریا بھٹکتا رہا۔''

رحمت صاحب بہت دیر خیالوں میں گم رہے۔ پھر کانپتے ہوئے لہجے میں آہستہ سے بولے۔

''رانی باغ چلو گی...... جہاں ہم تتلیاں پکڑنے کی کوشش کرتے تھے اور البیلے پنچھیوں کا گانا سنتے تھے... انہیں چھونے کی تمنا میں گھنٹوں مارے مارے پھرتے تھے۔''

رانی ان کی طرف ٹکٹکی باندھے دیکھتی رہی۔

۸ وفادار جھاڑیاں اور اوڑھنی کا پھٹا ہوا ٹکڑا

باغ میں داخل ہوتے ہوئے انہیں ذرا ڈر نہیں لگا۔

ایک پیڑ کے نیچے بیٹھ کر اپنی آنکھوں پر زور دیتے ہوئے دونوں سامنے والے درخت کی ٹہنیوں کو دیکھنے لگے۔

نوزائیدہ پتیاں پوری آب وتاب کے ساتھ چمک رہی تھیں۔

''رانی یاد ہے...... اسی سامنے والی شاخ پر پنچھیوں نے گھونسلا بنایا تھا۔ایک روز انہیں پکڑنے کے شوق میں ہم سے ان کا گھونسلا تتر بتر ہو گیا تھا۔''

''سچ مچ تنکا تنکا بکھر گیا...... پھر وہ پنچھی کبھی نظر نہیں آئے...... یاد ہے،ہم لوگ کتنا روئے تھے۔''

''ہاں......ہم تو اب بھی......''

کہیں پاتال سے یہ آوازیں دونوں کے کانوں میں سرگوشیاں کر رہی تھیں۔

ٹھنڈی ہوا کے جھونکوں سے ان کی طبیعت کچھ بشاش ہوئی۔

کچھ دیر بعد رحمت نے محسوس کیا کہ بظاہر رانی البیلے پنچھیوں والی ڈالیوں کو دیکھ رہی تھی لیکن درحقیقت اس سے نگاہیں بچاتے ہوئے درز دیدہ نظروں سے بار بار وہ ''رانی باغ'' کے اس کونے کی طرف دیکھ رہی تھی جہاں اب پرانی خاردار جھاڑیاں موجود نہیں تھیں اور نہ شفق کی سرخی سے چھٹک کر زمین میں جذب ہونے کا نشان۔ رانی نے سوچا پرانی یادوں کی کوئی نشانی کہیں پر دکھائی دے...... چھاجوں برستے پانی میں سب کچھ ختم ہو چکا تھا......اور وہ اوڑھنی کا پھٹا ہوا ٹکڑا......تار تار ہو کر وہ بھی خاک کا حصہ بن چکا ہوگا۔

رانی کی سانسیں تیز تیز چل رہی تھیں۔ دماغ میں سمندر ٹھاٹھیں مار رہا تھا۔جسم پسینے میں شرابور تھا۔

''رانی تمہاری طبیعت تو ٹھیک ہے؟''

رحمت نے رانی کی آنکھوں میں جھانک کر پوچھا۔

برسوں سے قابو میں رکھے ہوئے صبر وضبط کا باندھ ٹوٹ گیا۔کٹی ہوئی شاخ کی طرح اس کے سینے سے آ لگی اور پھوٹ پھوٹ کر رونے لگی۔

اس نے یہ بھی خیال نہیں کیا کہ جس رومال سے رحمت اس کے آنسو پونچھ رہا تھا، وہ اسی کی اوڑھنی کا برسوں پہلے پھٹا ہوا ٹکڑا تھا جسے بڑے جتن سے اس نے اب تک سنبھال کر رکھا تھا۔ وہ غور کرتی تب بھی اوڑھنی کے اس ٹکڑے کو پہنچاننا دشوار تھا۔ اتنے برسوں میں معطر ہوتے اور دھلتے دھلتے اس کا شوخ رنگ اڑ چکا تھا۔

''رحمتے ......''

بہت دیر کے بعد اس نے ہانپتی ہوئی سانسوں پر قابو پاتے ہوئے کہا۔

''رحمتے ...... باغ کے کونے کی وہ جھاڑیاں تمہیں یاد ہیں جہاں میری اوڑھنی پھنس کر پھٹ گئی تھی۔

وہ خیالوں میں کھو گئی۔ کچھ دیر کے توقف کے بعد اس نے پھر کہنا شروع کیا۔

''میری کربناک کہانی اسی سمئے سے شروع ہوتی ہے... وہ جھاڑیاں کہاں غائب ہوئیں رحمتے ......نامراد خود وہاں سے غائب ہو گئیں لیکن میری اوڑھنی پھاڑ کر میرے دامن پر دھبا چھوڑ گئیں۔''

کچھ دیر تک وہ رحمت کی آنکھوں میں جھانکتی رہی۔ کانپتے ہوئے ہونٹوں پر قابو پاتے ہوئے اس نے بولنے کی کوشش کی۔ اس کی آواز سے دھیما پن اور تکان جھلک رہی تھی...وہ جیسے گہرے پانی میں ڈوبتی جا رہی تھی۔

''رحمتے وہ جھاڑیاں نہیں ہوتیں تو کیا؟''

درخت کی شاخوں پر سرنہوڑائے بیٹھے ہوئے پرندے پھڑ پھڑاتے ہوئے کچھ اونچائی تک اڑے اور پھر دائرے میں چکر کاٹتے انہی شاخوں پر آ کر بیٹھ گئے۔ سرنہوڑائے......

رحمت نے محسوس کیا کہ اس کا جسم ٹھنڈا پڑ گیا تھا اور وہ بتدریج نڈھال ہوتی جا رہی تھی۔

اس نے بے بسی سے چاروں طرف دیکھا کہ کسی طرح راحت کاری کا نظم ہو سکے۔

ان کی دلچسپ اور دلربا اداؤں کو بہت دیر سے نہارتے اور ان کے لیے توقیر کے جذبے سے معمور بدنام زمانہ انقلابیوں نے تالیاں بجاتے ہوئے انہیں خوش آمدید کہا۔ احتراماً ان کی دست بوسی کی۔ پھر ان کی آؤ بھگت میں لگ گئے۔ ان کے سامنے ستّو کا میٹھا شربت پیش کیا۔ پھر بھنے ہوئے چنے سے ان کی ضیافت کی۔ ایک نوجوان کامریڈ لڑکی چائے بنا کر لے آئی۔

رانی ٹکٹکی باندھے بہت دیر تک محویت کے عالم میں باغ کے اسی کونے کو دیکھتی رہی۔ اس کے چہرے سے بیک وقت کشمکش، اضطراب، آسودگی اور تشنگی کی کرنیں پھوٹ رہی تھیں......اس کی پیشانی پر پسینے کی بوندیں موتیوں کی طرح چمک رہی تھیں...... بے ساختہ رحمت کا دل چاہا کہ ان موتیوں کو چوم لے۔

۹ ایندھن کا حصہ

ان کے دور کے رشتہ دار کے ہاں ان کے بیٹے نے ان کی خیریت پرسی کے لیے فون کیا۔ رشتہ دار نے بتایا۔

''تم دونوں خواہ مخواہ پریشان رہتے ہو...تمہارے ابو یہاں بہت مزے میں ہیں......رانی کے ساتھ روزانہ چہل قدمی کے واسطے نکلتے ہیں...... وہی رانی......اچھا چھوڑو......تم نہیں جانتے ہوگے۔ اس وقت تم لوگ پیدا بھی نہیں ہوئے تھے......اس باغ میں جہاں اچھے اچھے سورما جانے کی ہمت نہیں کرتے؛ وہ اور تمہارے ابو اپنے بچپن کو دریافت کرنے کے سفر پر گامزن رہتے ہیں۔''

ڈاکٹر نے کہا تھا کہ انہیں آرام کی ضرورت ہے......دو سال سے زیادہ......''

بیٹے نے مداخلت کرتے ہوئے کہا۔

''ڈاکٹر کی بات چھوڑو......ابھی اللہ کے فضل سے بالکل ہٹے کٹے ہو گئے ہیں......ان کی جوانی لوٹ آئی ہے......ابھی بہت دن زندہ رہیں گے۔''

''کہتے تھے کہ ضمیر کی پکار پر وطن واپس جا رہا ہوں!''

''ارے یار...... کرشمہ ہے اس کی قدرت کا...... تم نہیں سمجھ سکتے...... ان کی زندگی میں بہاریں لوٹ آئی ہیں...... ہم کہتے ہیں کہ رحمت صاحب وطن آپ کوراس آگیا ہے تومسکراتے ہیں۔ان سے پوچھتے ہیں کہ بیٹے بلاتے ہیں کب تک جائیں گے؟ وہ کہتے ہیں البیلے پنچھی جب تک لوٹ نہیں آتے......''

تھوڑے توقف کے بعد رشتہ دار نے پھر کہنا شروع کیا۔''قصہ مختصر یہ کہ دونوں خود البیلے پنچھی بنے ہوئے ہیں...... دور دور تک دھرتی اورآ کاش کے چکر کاٹتے رہتے ہیں...... باغ کے پیڑوں کے سائے میں آرام کرتے ہیں...... باغ میں پناہ گزیں انقلابی بڑی عقیدت اوراحترام سے ان کی خاطر تواضع میں لگے رہتے ہیں۔گاؤں کےلوگ اس بات کو لے کر کافی جوش میں رہتے ہیں اوراس سچی حقیقت میں قصّے کہانیوں سے زیادہ دلچسپی دکھاتے ہیں۔رانی کے ماں باپ بھی خوش ہیں کہ اس حیلےان کی اداس بیٹی کا مون برت ٹوٹ گیا۔''

''اورانکل؟'' بیٹے نے کچھ اور پوچھنا چاہا۔

اس کے جملہ پورا ہونے سے پہلے رشتہ دار روانی میں بولتے چلے گئے۔

''اب توتم لوگوں کے پاس جانے کی بات پر بگڑ اٹھتے ہیں۔تم لوگوں کےفون کا ان کوانتظار نہیں رہتا۔اچھاتمہارابل بہت بھاگ رہاہوگا۔اللہ حافظ......''

''ہاں......!رکو...... چند سکنڈ...... یہ بتانا بھول گیا کہ آزاد باغ کے انقلابیوں سے ان دونوں بوڑھوں کی دوستی بہت بڑھ گئی ہے۔''

''اور کچھ......اور کچھ بتائیے انکل......!''

رحمت کے بیٹے نے دلچسپی لیتے ہوئے استفسار کیا۔

''تعجب ہوتا ہے...... بوڑھے ہوتے ہوئے بھی رانی اورتمہارے ابو ہنستے رہتے ہیں۔ہنستے ہنستے ان کی آنکھوں میں آنسوآجاتے ہیں۔پھر گھنٹوں خاموش نگاہوں سے ایک دوسرے کوٹکر ٹکر دیکھتے رہتے ہیں۔

ہاں سنو......ایک اورخاص بات......اپنی بچی کھچی جائدادانہوں نے آزاد باغ والے انقلابیوں کے لئے وقف کر دی ہے۔ان کا کہنا ہے:

''ہم شعلے نہیں رہے...لیکن ایندھن کا حصہ تو بن ہی سکتے ہیں...!''

''ان کو ہمارا سلام کہیے گا انکل!''

بیٹے نے فون کاٹ دیا۔

◄◄ ● ►►

مرشد

(۱)

بزرگ مرشد کی آنکھیں ڈبڈبانے لگیں۔

سوال کرنے والے عقیدت مند کے لیے یہ کیفیت عجیب تھی۔

اس نے خلوص نیت سے کچھ سیکھنے کے جذبے سے سوال کیا تھا۔ اسے کیا معلوم تھا کہ بزرگ اس کے سوال کو سن کر خالی خالی آنکھوں سے چھت کی طرف دیکھنے لگیں گے۔

چہرہ ہر طرح کے جذبے سے عاری..... جیسے آج وہ زندگی کی دہلیز پر پہلی بار قدم رکھ رہے ہوں اور کسی شیر خوار بچے کی طرح معصوم ہوں۔

یہاں تک تو بات اتنی غیر متوقع اور پریشان کن نہیں تھی۔ بزرگ، صوفی، مجذوب، فنکار اور بعض دیگر حضرات کا زندگی کے تئیں رویہ عام طور پر عام آدمیوں سے مختلف ہوتا ہے۔ لیکن جب پھٹی پھٹی آنکھیں جھیل اور آبشار بننے لگیں تو حیرت میں مبتلا ہونا فطری ہے۔

کچھ نے سوال کرنے والے کی طرف ناگوار نگاہوں سے گھورا۔

''کیا ضرورت تھی حضور سے اس طرح کی بات پوچھنے کی؟''

''کون سی بات کب نازک دل کو ٹھیس پہنچادے اور قطرے دریا کا روپ لینے لگیں، کون جان سکتا ہے؟''

سوال کرنے والا بھی تاسف سے دم بخود تھا۔

کچھ حاصل کرنے کی نیت تھی مگر حضور صدمے سے دوچار ہو گئے۔

لیکن وہ سوال آخر کیا تھا، جس نے حضور پر سکتہ سا طاری کر دیا، یہ سوالی کے علاوہ کسی کو معلوم نہ تھا۔ اس نے اتنے قریب جا کر دھیمے لہجے میں سوال کیا تھا کہ آس پاس کے لوگ بھی اس کی آواز کو سن نہیں پائے۔

دروازے پر پاپوش کے نزدیک بوسیدہ جوتے اور چپلوں کے متعدد جوڑے بکھرے پڑے تھے۔ ہال کھچا کھچ بھرا ہوا تھا۔ ہال میں بچھی ہوئی قالین لوگوں کے بوجھ سے دبی ہوئی کراہ رہی تھی۔ اس کے

جسم پر جگہ جگہ زخموں کے داغ دھبے اس کی طویل العمری کی داستان سنا رہے تھے۔

اس قالین پر ایک نسل ادھیڑ سے بوڑھی ہونے کے بعد اپنا رول ختم کر چکی تھی اور دوسری نسل ضعیفی کے اوبڑ کھابڑ راستوں کی سمت گامزن تھی۔ ہال میں سناٹا چھایا ہوا تھا۔ بزرگ کی آنکھوں کے کناروں تک پہنچتے ہوئے آنسوؤں کے ہلکوروں کی لے دھیرے دھیرے تیز ہوتی جا رہی تھی۔

آستانہ کی دیوار جگہ جگہ سے شکستہ تھی۔ ایک دیوار پر خوشنما مذہبی طغریٰ کسی کی آمد کا جیسے صدیوں سے منتظر تھا۔ اس کی بغل میں کسی مسجد کی فلک بوس عمارت اور اونچے گنبد ہال کی خاموشی اور سناٹے کو جیسے چپ چاپ اپنے اندر جذب کرتے ہوئے محویت کے عالم میں مغموم تھے۔

ایک زمانے سے چونے گردانی کو ترستی ہوئی دیواریں ورچھت حیرت سے کبھی بزرگ کا سپاٹ چہرہ، بھیگی آنکھیں اور استغراق کا عالم دیکھ رہی تھیں، کبھی آستاں بوس مجمع کے متغیر اور سر جھکائے پریشان لوگوں کے پشیمان چہروں کا جائزہ لے رہی تھیں۔

اگربتی کی دھیمی دھیمی خوشبو کریدتی ہوئی حیات فہمی کی ترغیب دے رہی تھی۔

کھڑکی کے باہر امرود کے درخت کی ڈالیاں ہوا کے جھونکوں سے ہلتی ہوئی بزرگ سے خاموشی اور سکتے کا عالم توڑنے کی استدعا کر رہی تھیں۔ پیڑ کے پھل کئی مہینے پہلے فروخت کئے جا چکے تھے اور ٹھیکہ لینے والے نے انھیں کب کا منڈی پہنچا دیا تھا۔ پھل سے خالی درخت اس حال میں بھی سرسبز و شاداب دکھائی دے رہے تھے۔

دور بیٹھا ہوا ایک آدمی دھیرے دھیرے کھسکتا ہوا سوال کرنے والے شخص کے قریب آیا۔ اپنا منہہ اس کے کان کے پاس لا کر اس نے سرگوشیوں میں پوچھا۔

''تم نے مرشد سے کون سا سوال کیا؟''

''میں نے تو......!''

وہ ہکلانے لگا۔

بہت دھیمی آواز میں پھسپھساتے ہوئے اس نے کہا۔

''میں نے سیکھنے کی غرض سے محض یہ پوچھا تھا کہ حضور اس زمانے میں جب کہ بڑے بڑے عالم، فاضل، درویش اور عالی مرتبت لوگ در پردہ گردن تک دنیاداری، لہو لعب اور گھوٹالوں میں ڈوبے ہوئے ہیں، آپ نے خود کو اب تک کیسے بچائے رکھا؟ اپنی بے داغ اور پاک زندگی کا راز بتانے کی مہربانی کریں۔''

اس نے سوالی کو اس انداز میں گھورا جیسے اس نے مرشد کی شان میں گستاخی کر دی ہو۔

''سنو......''

مرشد کے چہرے پر تناؤ تھا۔آنکھوں میں فکر کے ڈورے ہچکولے کھا رہے تھے۔ پیشانی پسینے سے تر ہوگئی تھی۔

مرشد کچھ کہتے کہتے رک گئے۔اُنھوں نے پھر خاموشی اختیار کر لی۔

ڈبڈبائی آنکھوں سے اُنھوں نے چاروں طرف دیکھا۔

ان کی جہاں دیدگی نے نہ جانے کون سا نظارہ دیکھا تھا جو مردہ سی بے کیفی کا سمندر ان کے وجود کی مٹّی کو نگلتا جا رہا تھا۔تھوڑے توقف کے بعد سوال کرنے والے کو انھوں نے اشارے سے قریب بلایا ۔کیفیتوں کا متلاطم دریا ان کے اندر موجزن تھا اور وہ بلند آہنگی کی استطاعت سے محروم دکھائی دے رہا تھا۔اوپر سے نیچے تک ان پر نقاہت اور بے بسی طاری تھی۔صدیوں کے سفر کی تکان کے بوجھ سے ان کے کندھے دکھ رہے تھے۔اشارے سے اسے قریب بلانے میں بھی انھیں پوری قوت صرف کرنی پڑی تھی۔

''تمھارے اس سوال کا جواب مجھ پر قرض رہا۔وقت آنے پر میں اس کا جواب دوں گا۔''

مرشد کے تذبذب کے انداز اور کنپٹیوں کی تنی ہوئی نسوں سے لوگوں کو ان کے گوشہ نشیں ہونے کی ضرورت کا اشارہ ملا۔انھیں استراحت کی حاجت تھی۔ڈیڑھ دو گھنٹے سے بولتے بولتے تھک گئے تھے۔کئیوں کے ٹیڑھے اور پیچیدہ سوالوں کے اُنھوں نے تفصیلی جواب یوں دیے تھے جیسے کوئی صاف وشفاف دریا مدھر سنگیت کے ساتھ دھیرے دھیرے بہہ رہا ہو۔اس سوالی کے سیدھے سادے سوال نے اُنھیں الجھا دیا اور اس طرح اپنی گرفت میں لے لیا کہ وہ اپنی سدھ بدھ کھو بیٹھے۔

لوگ دھیرے دھیرے کھسکنے لگے۔

ہال خالی ہوگیا۔

مرشد کی ڈبڈبائی آنکھوں کا باندھ ٹوٹ گیا۔پھوٹ پھوٹ کر روتے ہوئے اُنھیں پہلی بار دیکھا گیا تھا۔

(۲)

ایک عرصہ بیت گیا۔

مذکورہ واقعہ بھولی بسری باتوں کی طرح دھند کی گہری تہوں میں دب گیا۔

کسی نے اس سوالی تک پیغام پہنچایا کہ مرشد نے اسے یاد کیا ہے۔

دست بوسی کے بعد بزرگ کے سامنے وہ دوزانو بیٹھا تھا۔

''کئی سال پہلے تم نے مجھ سے ایک سوال کیا تھا؟''

حیران و پریشان سوالی کو چشم زدن میں سب کچھ یاد آگیا مرشد کا سکتہ، گہری اداس ڈبڈبائی ہوئی

آنکھیں، جگہ جگہ سے پھٹی ہوئی بوسیدہ قالین، کسی کی آمد کا منتظر طغری، پاپوش پر بکھرے ہوئے مرمت طلب نعلین اور چپلوں کے ڈھیر، فلک بوس مسجد کی آنکھوں میں منظرنامے کو جذب کرتی ہوئی حیرت اور استعجاب کی جہاں دیدگی۔

''آج میں نے سوچا کہ اپنے اس قرض کی ادائیگی کر دوں۔ تمھارے سوال کا تشفی بخش جواب دے دوں۔''

میں یہ بوجھ لے کر رب العزت کی دنیا سے کنارہ کشی اختیار نہیں کر سکتا......!''

''جی مرشد......!''

اس نے سر جھکائے ہوئے پورے اشتیاق کے ساتھ مرشد کی تجویز پر اثبات میں اپنے ہونٹوں کو جنبش دی۔

''لیکن......!''

مرشد نے پہلو بدلا۔

''لیکن تمھارے سوال کا جواب دینے سے پہلے تمھیں ایک اہم اطلاع دینی ضروری ہے۔ میں چاہتا ہوں کہ تم اس سوال کا جواب لیے بغیر تشنہ کام روانگی اختیار نہ کرو......!''

''میں سمجھا نہیں مرشد۔''

عجیب سی بے چینی اور اضطراب میں اس نے ڈرتے ڈرتے سوال کیا۔

''دیکھو......!''

مرشد کہتے کہتے رک گئے۔

اُنھوں آنکھیں بند کر لیں۔

کچھ دیر یہی کیفیت رہی۔ پھر دھیرے دھیرے آنکھیں کھولتے ہوئے اُنھوں نے کہنا شروع کیا۔

''دیکھو! تمھارا آخری وقت قریب آ گیا ہے۔ تم چند گھنٹوں کے مہمان ہو۔ صبح کی پہلی کرن کے طلوع ہوتے ہی تم اس دنیا سے کوچ کر جاؤ گے۔ اس لیے میں نہیں چاہتا کہ آخرت کے اس ابدی سفر پر تم اس سوال کے بوجھ سے لدے پھندے روانگی اختیار کرو......!''

''مرشد......!''

اس کے منہ سے لمبی چیخ نکلی۔

''اب جبکہ موت میرے سامنے مجھے نگلنے کے لیے منہ پھاڑے کھڑی ہے، اس سوال کا جواب میرے کس کام کا؟''

وہ روہانسا ہو گیا۔

''اس جنازے کو رخصت کی اجازت دیجیے مرشد......!''
کہتے کہتے سوالی کے جسم کی ساری قوت سلب ہوگئی۔ رونگٹے کھڑے ہوگئے۔ کاٹو تو لہو نہیں۔ وہ رینگتے ہوئے واپس مڑا اور گرتے پڑتے، ہانپتے کانپتے اپنے گھر پہنچا۔
''کیا ہوا؟ اس طرح ڈرے سہمے ہوئے کیوں ہو؟...... چہرہ پیلا کیوں پڑ گیا ہے؟''
بیوی نے سوال کیا۔
''مرشد نے کہہ دیا ہے کہ میری موت قریب ہے......صبح کی پہلی کرن اور......مرشد کی پیشن گوئی آج تک غلط نہیں ہوئی۔ وہ آدمی کے بھیس میں فرشتہ ہیں۔ انھیں غیب کی سربستہ باتوں کا علم ہے۔''
بیوی اداس ہوگئی۔ اس پر غم کا پہاڑ ٹوٹ پڑا۔ گھر میں کہرام مچ گیا۔ اس کے آگے کا رکھا ہوا کھانا ٹھنڈا ہو گیا۔

⏮ ● ⏭

ذائقہ

اس وسیع وعریض علاقے کے انجینیر ینگ کالج کے الگ الگ ہوسٹل کے درمیان اچھا خاصا فاصلہ تھا۔

پہاڑوں کے درمیان نشیب میں پتھروں کو کاٹ کراوز مین کو مسطح کر کے تعمیر کیا گیا کالج ماڈرن آرکی ٹکٹ کا بہترین نمونہ تھا۔معلوم ہوتا تھا کہ انسان کسی ترقی یافتہ مغربی ملک کے انتہائی اونچے درجے کے عالیشان تعلیمی ادارے میں پہنچ گیا ہے۔وہ پوراا علاقہ پہاڑی تھا جہاں پہاڑوں سے لپٹی بل کھاتی ہوئی پگڈنڈیاں لوگوں کے سامنے قدرتی نظاروں اور نیچے اڑتے ہوئے بادلوں کی عجیب وغریب تصویر مہیا کررہی تھیں۔

تکنیکی تعلیم حاصل کرنے والے لڑکے لڑکیوں کے درمیان رومانس تو عام بات تھی۔ذات، مذہب، برادری اور علاقے کی کوئی پابندی نہ تھی۔اس طرح وہ ادارہ بلا تفریق مذہب وملت نئی امتوں کی تخلیق کا فریضہ بھی انجام دے رہا تھا۔جہاں کٹرپن کے لئے کوئی جگہ نہ تھی۔کوئی سیکولرزم کا مدعی بھی نہ تھا۔بس دل اور جسم کے معاملے میں وہ سب ایک نئی تہذیب کی پرورش وپرداخت کے آدم وحوا بنے ہوئے تھے۔ویک انڈ پرڈیٹنگ بھی ہوتی۔

سراج اور مایا کی آنکھیں کئی دنوں سے کلاس میں چار ہورہی تھیں۔دونوں کے دل کے تاروں میں جھنجھناہٹ تھی۔ویک انڈ پرڈیٹنگ کا پروگرام بن گیا۔دونوں نے لنچ کے لیے کالج کیمپس سے ذرا دور شہر کے ایک ریستوران میں روم بک کیا اور آرڈر دے کر کمرے میں ہی کھانا منگوالیا۔

''ہم لوگ لنچ کریں گے، کچھ دیر آرام کریں گے اور راحت کی گہری سانسیں لیں گے اور......''

لڑکی معنی خیز انداز میں مسکرائی۔ایک پل کو اسکی نگاہیں نیچی ہوئیں۔پیر کے انگھوٹے سے اس نے کمرے کی نچلی قالین کو کریدا۔دوسرے لمحے چہرا اوپر کر کے لڑکے سے آنکھیں ملا کر اس نے کہا۔

''ضرور......ہم آرام کریں گے اور اپنی ٹینشن دور کریں گے!''

لڑکی کی آنکھوں کی چمک لڑکے کے جسم کو حرارت پہنچانے لگی۔

کھانا کھانے کے بعد جب دونوں مدہوشی کے عالم میں لڑھکے تو بستر کی چادر ہانپنے لگی۔

لڑکا متلاطم سانسوں سے باہر نکلتے ہوئے سکون کے عالم میں واپس آتا تو اس نے محسوس کیا کہ کہیں کچھ کمی تھی۔

کھانے کے ذائقے اور لذت میں کچھ نہ کچھ ایسا کم تھا جس نے انہیں ادھورے پن سے دوچار کیا۔طبیعت میں جیب سی بے کلی اور ہلچل مچی ہوئی تھی۔

لڑکے کو گھر کی یاد آئی۔ماں شدت سے نمودار ہوئی۔اس نے بھینچتے ہوئے اسے اپنی آغوش میں لے لیا۔

''میرے بچے...... پیارے بچے......!''

''امّاں......تم ٹھیک کہتی تھیں......پردیس میں کوئی دل سے اپنا لگنے والا مشکل سے ملتا ہے......''

(۲)

پندرہویں سال میں سیماب صفت رانی کی شادی ہوئی تھی۔سولہویں میں سراج پیدا ہوا۔تیس بتیس سال کی دہلیز پر پہنچ کر جب وہ جوانی کا مطلب ٹھیک ڈھنگ سے سمجھنے لگی اور اسکا اضطراب بتدریج بڑھتا گیا تو اسکا بیٹا سولہ سترہ سال کے سجیلے نوجوان کا روپ اختیار کر کے اس کی آنکھوں کو ٹھنڈک پہنچا رہا تھا۔

وہ بیٹے کو دیکھتی اور دیکھتی رہ جاتی۔اس کا شوہر کئی سالوں سے باہر تھا۔دو سال میں ایک مہینے کے لئے آتا اور پھر اسے مچھلی بے آب کی طرح چھوڑ کر اپنی مہم پر روانہ ہو جاتا۔اس حالت کی ذمہ دار وہ خود تھی۔اسی نے اپنے شوہر کو باہر جانے پر مجبور کیا۔بہت دنوں تک وہ اس کے لئے آمادہ نہ ہوا یہاں کی روکھی سوکھی پر قانع لیکن رانی نے بچے کی مہنگی تعلیمی ضرورتوں کو دہائی دیکر اس عمر میں شوہر کو باہر جانے پر آمادہ کیا جب لوگ اپنے وطن آکر چین وسکون کی گزار نیکے خواہاں ہوتے ہیں۔

رانی کے جسم میں شرارے اور چنگاریاں چھپی بیٹھیں تھیں اور اندر ہی اندر اس کی روح کے سلگنے کا سلسلہ جاری تھا سلیولیس اور بیک لیس بلاوز سے ابلتا ہوا اس کا جسم لوگوں کی توجہ کا مرکز بنا رہتا۔

مسیں بھیگنے والی عمر میں کچھ دنوں سے سراج کے ذہن میں ماضی کے گاؤں اور پنگھٹ کی یادیں چکر کاٹ رہی تھی۔جانے کیسے یہ خواہش کلبلانے لگی کہ گاؤں کی دوسری عورتوں کی طرح اس کی دلکش ماں کمر پر گھڑا رکھ کر پنگھٹ پر جاتی ہوئی اور وہ اپنی پیاس ماں کے ہاتھوں کے گھروں سے ڈھلتے ہوئے پانی کی دھار کو ہتھیلیوں کے کٹورے میں لیتے ہوئے بجھاتا ہوتا تو کیسے سیری ہو رہی ہوتی۔یہ تصورا سکے معصوم ذہن میں اچانک کونپل کی طرح پھوٹ کر دیکھتے دیکھتے تناور درخت کی صورت اختیار کر چکا تھا۔

گاؤں میں گزرے ہوئے بچپن میں اسے کمر پر گھڑا رکھ کر بل کھاتی ہوئی پنگھٹ پر جاتی ہوئی عورتیں گہرے طور پر لبھاتی تھیں۔اس کی سانسیں تیز چلنے لگتی تھیں۔عجیب وغریب ہیجان میں وہ مبتلا ہونے لگتا تھا۔خود کو نارمل رکھنے کے لئے اسے گہری گہری سانسیں لینی پڑتیں۔اس کی یہ کیفیت خود اس کی سمجھ سے باہر تھی۔

اس رات رانی نقطۂ ابال کو پار کر رہی تھی شوہر ایک مدت سے نہیں آیا تھا۔ہر سال نہ آکر اپنے

آنے جانے کا خرچ بچاتے ہوئے وہ بچے کی اعلیٰ تعلیم اور ایک کشادہ گھر بنانے کا خواب دیکھ رہا تھا۔

سراج کی آنکھ کھلی ہوئی تھی...... وہ رانی کے اضطراب کو دیکھ رہا تھا...... محسوس کر رہا تھا۔ پنگھٹ پر پہنچی ہوئی عورت نے گھڑا بھرنے کے بعد پانی ڈھالنا شروع کیا۔ سراج نے ہتھیلیوں کے کٹورے سے ٹکھرتے ہوئے صاف وشفاف پانی کی دھار کو غٹا غٹ پینا شروع کر دیا۔ حلق تک اسکی پوری آنت جل تھل ہوگئی اسے یک گونہ سکون حاصل ہوا۔

شعلے اٹھتے رہے اور موسلا دھار بارش میں بجھتے بھی رہے۔ عجیب وغریب دل فریب منظر...... جیسے دھوپ اور بارش نے بیک وقت مصافحہ ومعانقہ کرنا شروع کیر دیا ہو۔ دھوپ اور چھاجوں برسنے کا سلسلہ دراز ہوتا گیا۔

(۳)

لمبی چھٹی کے بعد وہ گھر سے ہوسٹل آیا تو ماں کی صحت کے تعلق سے تشویش میں مبتلا تھا۔

آنکھوں کی گہری اداسی، چہرے کا اضمحلال اور شفیق انگلیوں کا ارتقاش...... اس نے محسوس کیا کہ ماں چھ پریشان سی ہے۔ بوکھلائی بوکھلائی سی، ہمیشہ ڈاکٹروں کے یہاں وہ اسے ہمراہ لے جایا کرتی تھی۔ لیکن اس بار وہ اکیلے گئی۔ اور لوٹنے کے بعد عجیب وغریب اضطراب میں مبتلا رہنے لگی۔ اکثر وہ بیٹے سے چھپ کر انگریزی کی ڈکشنری کے اوراق پلٹتی رہتی۔ ایک بار ڈاکٹر کا نسخہ اس نے ڈکشنری کے ان صفحات میں دبا دیا جن پر انگریزی کے حرف ''ایم (M)'' سے شروع ہونے والے الفاظ درج تھے۔ وہ کسی خاص لفظ کے لغوی اور غالباً اصل معنی ماہیت کی تلاش میں سرگرداں تھی۔ سراج کے لیے رانی کی یہ چپی، اضطراب اور باطنی ڈسکورس کی کیفیت ناقابل برداشت تھی۔ وہ بے حد فکر مند ہوگیا۔

ایک عرصے تک اس کی ماں کی خوبصورتی اور صحت مندی کا بدل اسکے خاندان میں نہیں دکھائی دیتا تھا۔ مرد تو مرد، عورتیں بھی اس کے حسن کی قائل تھیں۔ اس بار اسے لگا کی ماں کی چمک ماند پڑنے لگی تھی۔ اندر ہی اندر اسے کوئی فکر کھائے جا رہی تھی۔ اس کے چہرے پر تکان اور اداسیوں نے دستک دینا شروع کر دیا تھا۔ اس نے خود کو دلاسہ دیا۔

شاید اس کی جدائی کا صدمہ اسے کھوکے لگا رہا ہو۔

رخصت ہوتے وقت اس نے ماں سے لرزتی ہوئی آواز میں کہا۔

''کالج میں دیگر سہولتیں یہاں سے بہتر ہیں...... لیکن اماں آپ کے کھانوں کا ذائقہ...... اپنا خیال رکھا کریں...... میں آپ کے تعلق سے بہت پریشان رہتا ہوں...... اماں آپ کے بغیر......''

اس کی آنکھیں ڈبڈبانے لگیں ماں نے اسے کس کر بھینچا۔

ہوسٹل کے تنہا کمرے میں اکیلے ہوتے ہوئے اسے ڈر لگتا تھا۔ اس کا جی چاہا کہ رات بھر جاگ جاگ کر اور کروٹیں بدل بدل کر بے چینی میں گزرتی ہوئی پریشانیوں کی بابت تذکرہ کرے۔ لیکن جانے کیا

سوچ کر اس سلسلے میں وہ چاہتے ہوئے بھی کچھ نہ کہہ سکا۔ ماں سے شدت کے ساتھ لپٹ گیا۔ رانی کی گرم سانسوں اور شفقت آمیز تھپکیوں سے اسے بے حد راحت ملی تھی۔

وہ آسمان کی لامحدودیت کا حصہ بن گیا...... اڑتا چلا گیا...... یک گونہ طمانیت...... عجیب غریب آسودگی...... نرم بادلوں کے کاندھے اسے فضا میں بہائے لے جا رہے تھے۔

کچھ دیر بعد اس نے محسوس کیا کہ وہ تحلیل ہوتا جا رہا ہے۔ تحلیل ہوتے ہوئے آبخارات میں تبدیل ہونے لگا اور فضا کا حصہ بنتے ہوئے دھواں دھواں کیفیت سے گزرنے لگا۔

(۴)

ہوسٹل کا ایک ہی طرح کا ناقص بریک فاسٹ، لنچ اور ڈنر کھاتے کھاتے وہ سب اوب چکے تھے۔ انجینیرنگ کالج کے ہوسٹل کے میس کا ٹھیکہ علاقے کے برسر اقتدار جماعت کے سیاسی لیڈروں کے آدمیوں نے لے رکھا تھا۔ جن کا موصد جیسا تیسا کھانا سپلائی کر کے زیادہ سے زیادہ منافع کمانا تھا۔ سراج بے حد اداس تھا۔ اس کے منھ میں پہلے لقمے کے چباتے ہی کنکر مل گیا تھا۔ پورا دماغ جھنجھنا اٹھا۔ طبیعت منغّص ہوگئی۔ ''یار ایسا کھانا میں نہیں کھا سکتا!'' اس نے بغل میں بیٹھیں ہوئے دوست کو ہٹوکا دیا۔

''اب چھوڑ بھی یار...... یہاں اچھا کھانا کہاں سے ملے گا۔''

سراج روہانسا ہوگیا۔ ایک تو گھر چھوڑنے کا غم...... دوسرے یہاں کا ناپسندیدہ ناشتہ اور کھانا۔ ماں اسے اپنی نگاہوں سے اوجھل نہیں کرنا چاہتی تھی۔ لیکن جانتی تھی کہ اس چھوٹے سے شہر میں رہ کر وہ انجینئرنگ کی پڑھائی نہیں کر سکے گا۔ اچھے انجینیرنگ کالج بڑے شہروں میں تھے۔ پسماندہ چھوٹے شہروں اور قصبوں میں تو ڈھنگ کے سکنڈری اور پرائمری اسکول بھی نہ تھے۔

ہوسٹل واپس آتے ہوئے سراج کے بعض دوستوں نے اس کے مضمحل چہرے کو دیکھ کر اس کا سبب جاننا چاہا۔ سراج کی ماں کا فون نہیں آ رہا تھا۔ شاید فون ڈیڈ تھا۔

پڑوس والی آنٹی کے ہاں فون کرتا تو وہاں ریسیور کوئی اٹھا ہی نہیں رہا تھا۔ فون خرابی کی بنا پر فالس رنگ سے دو چار تھا یا آنٹی کے گھر میں کوئی موجود ہی نہیں تھا۔ سب لوگ شاید کہیں گئے ہوں۔

اسے اپنی ماں کی خیریت کے تعلق سے تشویش تھی۔

سراج نے غور کیا۔ اس کے علاقے میں ترقی کی رفتار بہت سست تھی۔ پورا ملک ایک معکوس ترقی کی طرف گامزن تھا۔ لوگ خوش فہمیوں کے شکار تھے۔ برسر اقتدار طبقہ چاہتا تھا کہ لوگ عمومی ترقی کے نقلی گراف کے اتار چڑھاؤ میں کھوئے رہیں تا کہ حکمراں طبقے کی دن دونی رات چوگنی ترقی کی طرف کسی کا

دھیان مرکوز نہ ہو۔اس کے محلے میں تو ایک ہی ٹیلی فون بوتھ تھا۔ وہ بھی اس کے گھر سے دور، جبکہ گلی گلی میں ٹیلی فون بوتھ ہونے کا شہرہ چاروں طرف پھیلا ہوا تھا۔

میس کی بلڈنگ کے بغل سے تیستا ندی بغیر کسی آواز کے خاموشی سے رواں دواں تھی۔ میدان عبور کرتا ہوا وہ ہوسٹل میں واپس آیا تو اس کے روم پارٹنر نے بھی شکایت کی۔

''یار یہاں کھانا کھاتے کھاتے تو زبان چھل گئی ہے۔ کنکر اتنے ملتے ہیں کہ دانت ٹوٹنے کا اندیشہ رہتا ہے۔''

ہوسٹل کے لڑکوں میں کھانے کو لے کر بیزاری تھی۔ انہوں نے طے کیا کہ وہ دوسرے دن ڈائریکٹر سے اس بات کی شکایت کرینگے جنہوں نے اڈمیشن کے وقت موٹی رقم کا ڈرافٹ لیتے ہوئے اچھے ہوسٹل، اچھے کانے، اچھی پڑھائی اور اچھی پلیس منٹ کی یقین دہانی کرائی تھی۔

طے ہوا کہ تین سے چار بجے کے درمیان جبکہ کلاسیس ختم ہو چکی ہوں گی، طلباء اور گارجین سے ملنے کے ڈائریکٹر کے وقت میں وہ لوگ ان سے ملیں گے اور خراب کھانے کی شکایت کریں گے۔

(۵)

تین بجے ڈائریکٹر کے چیمبر کیس امنے کئی لڑکے اکٹھا ہوئے۔ ان کے سکریٹری کو کہا گیا کہ ان کے کچھ مطالبات ہیں اور وہ ڈائریکٹر سے ملنا چاہتے ہیں۔

سکریٹری نے سبب جاننا چاہا۔لیکن لڑکوں کا اصرار تھا کہ وہ صرف ڈائریکٹر کو بتائیں گے۔

سکریٹری نے ان کا سلپ اندر بھجوایا۔

گارجین سے ملاقات کرنے کے بعد ڈائریکٹر نے انہیں اندر بلوایا۔ڈائریکٹر گہرے سوچ میں مبتلا تھا۔

لڑکوں نے انہیں ''گوڈ آفٹر نون سر'' کہا۔

ڈائریکٹر نے سر کو خمیدہ کرتے ہوئے ان کا خاموشی سے جواب دیا۔

''بولئے! کیا شکایت ہے آپ لوگوں کو!؟''

''سر......'' سراج نے کچھ کہنا چاہا۔ڈائریکٹر نے اس کی آنکھوں میں غور سے دیکھا۔سراج گڑبڑا گیا۔اشوک آگے بڑھا۔

''سر ہم لوگوں کو میس میں بہت خراب کھانا ملتا ہے۔ نہ کوئی ذائقہ نہ کوئی صفائی کا خیال......ہم لوگوں کے پیٹ خراب رہنے لگے ہیں اور سراج تو ارری ٹیبل بَویل سینڈروم (Irritable bowel syndrome) کا مریض ہو گیا ہے۔ ہر وقت مروڑھ اور اینٹھن سے کڑھتا رہتا ہے۔''

سراج نے خود کو سنبھال لیا تھا۔اپنی قوت مجتمع کرتے ہوئے بولا۔

''سر! آپ خود کھانا کھا کر دیکھیں کوئی مزہ ہی نہیں ہوتا۔ کہنے کو طرح طرح کی ڈشز بنا تا ہے!''

ڈائریکٹر سر پکڑ کر بیٹھ گئے۔ بہت دیر تک نظریں نیچی کئے رہے۔

اشوک نے کہا۔''سر! یہ بہت بڑی پرابلم ہے۔ رازانہ تین وقت ہمیں جھیلنا پڑتا ہے۔اس کو ہر حال میں سولو (solve) کرنے کی ضرورت ہے۔

سراج نے کہا۔''اتنی اہم بات کے تعلق سے آپ خاموش ہیں۔ یہ اگنور (ignore) کرنے والا معاملہ نہیں ہے سر!'' اس نے ہمت کر کے اشوک کے موقف کو مظبوط کرنے کی کوشش کی۔

طلباء کی نگاہیں ڈائریکٹر پر جمی تھیں۔ڈائریکٹر نے دھیرے دھیرے نگاہ اوپر کی۔ان کی آنکھیں بجھی ہوئی تھیں۔چہرے کا سارا خون جیسے کسی نے نچوڑ لیا تھا۔ پیشانی پر پسینے کی بوندیں چمک رہی تھیں۔

طلباء متحیر تھے۔تذبذب اور استعجاب کی کیفیتوں میں وہ مبتلا تھے۔انہوں نے غور کیا۔گہرائی سے جائزہ لیا تو اندازہ ہوا کہ ڈائریکٹر کی آنکھیں ڈبڈبا رہی تھی۔ کچھ توقف کے بعد انہوں نے بولنا شروع کیا۔ انکی آواز جیسے کسی گہرے کوئیں سے برآمد ہو رہی تھی۔

''آج سے چالیس سال پہلے گاؤں چھوٹا، گھر چھوٹا، ماں چھوٹی......تب سے دربدر بھٹکتا رہا ہوں......کہاں کہاں نہیں گیا...... بیرونی ملکوں تک کا سفر کیا......ایک سے ایک کھانا ملا......لیکن ماں کے ہاتھ کے ذائقہ کے لئے ترستا رہ گیا۔'' ڈائریکٹر کی آواز پر رقت طاری تھی۔

''بعد ازاں حالات سدھرے اور ماں سے ملنے کا وقت آیا تو وہ دنیا سدھار گئی۔آج تک ماں کے ہاتھ کے ذائقہ کے لئے دربدر بھٹک رہا ہوں۔''

پھر وہ پھوٹ پھوٹ کر رونے لگا۔ دوسرے لمحے ڈائریکٹر کے چیمبر سے متعدد افراد کے سسکنے کی آوازیں آرہی تھیں۔

ڈائریکٹر نے عالم بدحواسی میں جیب سے رومال نکالا اور اپنا چہرا ڈھانپ لیا۔

اس نے کچھ کہنا چاہا لیکن آواز ہونٹوں تک آنے سے قاصر تھی۔اس کے لب تھرتھرا رہے تھے ڈائریکٹر نے توقف کیا۔ پوری قوت جمع کر کے خود کو سنبھالنے کی کوشش کی۔ چھت کی طرف اٹھتی ہوئی نگاہ جیسے چھت کو چیر کر آسمان میں کچھ ڈھونا چاہ رہی تھی۔

''بچو!......مجھے آپ سب سے ہمدردی ہے......سب میرے اپنے بچے جیسے ہیں......میں آپ میں اپنی تڑپتی ہوئی جوانی کی تصویر دیکھ رہا ہوں۔ ماں کو دیکھتا دیکھتا بوڑھا ہو گیا ہوں۔

ڈائریکٹر صاحب ہانپنے لگے۔ ''بچو......! معاف کرنا......تم ماں کے کھانے کے ذائقہ کی جستجو میں ہو۔ دنیا اور دنیا کے راستے بڑے سفاک اور ناہموار ہیں...... بچھڑنے کی ابتدا کا سفر دوریاں بڑھاتا چلا جاتا ہے...... میں میس کے ٹھیکے دار کی سرزنش کرونگا...... اسے وارنگ دونگا...... لیکن شاید کچھ حاصل نہ ہو......شاید کچھ بھی نہیں......''

بُدبُداتے رہنے کے بعد تھوڑی دیر کے لیے ڈائریکٹر پھر رکے اور گہری گہری سانسیں لینے کے بعد بولے۔

''خدا کرے تم سب اونچے عہدے اور مرتبے حاصل کرو......اگر زندگی میں کسی مقام پر ماں کے ہاتھ کے کھانے کا ذائقہ تمہیں مل جائے تو مجھے مطلع کرنا......زندہ رہا تو اس مقام کی مٹی چومنے ضرور آؤنگا۔''

ڈائریکٹر نے سر جھکایا اور پیشانی پر سر رکھ کر کسی گہرے سوچ میں غرقاب ہو گئے۔ طلباء کی سمجھ میں نہ آیا کہ وہ رک کر ڈائریکٹر کی ٹھوس یقین دہائیوں کا انتظار کریں یا وہاں سے نکل کر اسی بے ذائقہ کھانے کو زہر مار کرنے کے لئے میس کا رخ اختیار کرنے پر خود کو مجبور سمجھیں۔

شام کے ناشتے کا وقت ہو رہا تھا۔

اور ڈائریکٹر کے استغراق اور محویت کا عالم بدستور قائم تھا۔

سراج کو دکھ اس بات کا تھا کہ سہ پہر کے ڈائریکٹر کے چیمبر کے پورے واقعے کو یاد کر کے اس کے ہم جماعت اور دیگر طلباء رات میں ہوسٹل کے ریکریشن ہال میں ٹھٹھے مارتے اچھل اچھل کر اور پیٹ پکڑ پکڑ کر ہنس رہے تھے۔

''ذائقہ...... ہاہاہا......!''

حتیٰ کہ انکے منھ سے جھاگ ابلنے لگا...... کئی تو بے ہوش ہو کر گر پڑے۔ سراج تو صرف ماں کو یاد کرتا ہوا آنسوؤں کی ندی میں غوطے کھا رہا تھا۔

پہاڑوں سے لپٹی ہوئی بل کھاتی ہوئی تہہ در تہہ پگڈنڈیاں قدرتی نظاروں اور نیچے اڑتے ہوئے دھواں دھواں بادلوں کی تصویریں پیش کرتے ہوئے عجیب و غریب سماں باندھ رہی تھیں۔

اور، اور......

دور کی چند پہاڑیاں ایک زمانے سے اپنے دامن سے لپٹ لپٹ کر پیار کرتی ہوئی تیستا کے بہتے ہوئے کھارا پانی کا ذائقہ لیتے ہوئے ہوا اور آسمان سے خموش استعجابیہ ڈسکورس میں محو تھیں۔

◄◄ ● ►►

بانگ

ایک صبح جب وہ نیند کے مارے کافی دیر سے اٹھے اور انھیں یہ معلوم ہوا کہ سورج کی پہلی کرن کا غسل نہ لینے کے سبب وہ ہتھیلیوں کی بہت ساری لکیروں کی تابناکی کھو چکے ہیں، تو سارا غصّہ حسب معمول مرغوں پر اترا۔

''ان حرامزادوں کے بانگ نہ دینے کے سبب ہم دیر سے اُٹھے۔''

یہ جواز پیش کرتے ہوئے کہ مرغ بانگ دینا بھول گئے ہیں اور انھیں یاد بھی ہے تو جان بوجھ کر جی چراتے ہیں جس میں ان کی سازش، کاہلی یا سستی کو دخل ہے، انھوں نے فوراً کئی مرغوں کو ذبح کر ڈالا۔

سب نے بعد میں ہنستے ہوئے یہ اعتراف کیا کہ دراصل وہ سبزیاں کھاتے کھاتے اوب گئے تھے اور منہ کا مزا بدلنے کے لیے سوندھے گوشت کا چٹپٹا ذائقہ لینا چاہتے تھے۔

جس دم انھوں نے ڈربوں کی طرف رُخ کیا تھا، مرغوں کے درمیان مہاماری مچ گئی تھی۔ ہیبت ناک فضا میں خوف کے مارے باریک تار کی جالی میں چھپنے کے لیے ایک دوسرے پر گر رہے تھے۔ مرغوں نے ان کی آنکھوں میں تیرتے ہوئے خونی ارادوں کو بھانپ لیا تھا۔ اور ان کے حلق سے عجیب پھنسی پھنسی آوازیں نکلنے لگی تھیں۔

''بے ہودو...... چونچ توڑ ڈالوں گا...... بانگ کے لیے تو کھلتے نہیں لیکن جالیاں توڑنے میں استاد ہیں۔ روز بہ روز تم لوگوں کی چونچیں بڑھتی جارہی ہیں لیکن بانگ دینے کی توفیق نہیں ہوتی۔ اگر یہ حرامزادے ایک جگہ کر دیے جائیں تو نہ معلوم جالیوں کا کیا حشر ہو۔ جب تک انھیں ذبح نہیں کیا جائے، ان کا دماغ درست نہیں ہوگا۔ اور یہ بانگ دینا یاد نہیں رکھیں گے۔''

مرغ پھڑ پھڑاتے ہوئے آخری ہچکی کی طرح اڑے اور ڈربے کی چھتوں سے ٹکرا کر فرش پر اوندھے منہ گرے۔ مختلف رنگوں کی چھری ان کی گردنوں پر سوار ہوگئی۔ انھوں نے چن چن کے ان تمام مرغوں کو ذبح کر دیا جن کی چونچیں لمبی اور مضبوط ہونے لگی تھیں اور بانگ دینے کے بجائے جالیوں کو توڑنے کا کام کرنے لگی تھیں۔

۲

معلوم نہیں مرغوں نے بانگ دی تھی یا نہیں۔ کیوں کہ جس وقت مرغ بانگ دیتے ہیں اس وقت کی نرم و گداز ہواؤں کی سپردگی بڑی جان لیوا ہوتی ہے۔ گھر میں کسی کو یاد نہیں تھا کہ مرغوں نے کب سے بانگ دینا چھوڑا تھا۔ لیکن اس بات پر سب متفق تھے کہ مرغ اگر بانگ نہیں دیتے تو ان کو پالنے کا کوئی حاصل نہیں۔

ایک دن جب وہ پھر دیر سے اٹھنے پر مرغوں کے ڈربوں کی طرف بڑھ رہے تھے، انھیں احساس ہوا کہ کئی بڑی بڑی چونچوں والے مرغ غائب ہیں۔ ہاتھوں میں چھری لیے ان کے چہروں سے سراسیمگی برسنے لگی۔ بڑی حیرت کی بات تھی کہ ایک ساتھ کئی بہترین مرغ غائب تھے۔ ان کی زبان گوشت کی سوندھی بو سے سپ سپا رہی تھی۔ انھوں نے مرغوں کی گنتی شروع کی۔ ایک دوڑ کر رجسٹر لے آیا اور چھان بین کے بعد پتہ چلا کہ کچھ مرغیاں بھی غائب تھیں۔ مختلف رنگوں کے مرغ اور مرغیاں......

''کاہلو......! بانگ دینے کے ڈر سے غائب ہوتے ہو۔ اسی لیے ہم تمہیں چھوڑتے نہیں تھے۔ اگر ہم تمہیں ذبح کر کے کھائیں نہیں تو تم ہمیں ہی غائب کر دو۔'' سب کے چہرے پر غصّہ اور سوالیہ نشان تھا۔ سب کے سب کسی ان دیکھے خوف سے گہری سوچ میں ڈوب گئے تھے۔

''یہ مرغ آخر غائب کہاں ہوئے؟؟؟'' وہ اٹھے اور انہوں نے چاروں طرف سے جالیوں کا معائنہ کیا۔ سب ٹھیک تھیں۔ وہ حیرت کر رہے تھے کہ آخر اتنے دنوں سے انہیں یہ کیسے نہیں معلوم ہو سکا کہ مرغ غائب بھی ہو رہے تھے۔ پتہ بھی کیسے چلتا۔ ظاہر ہے کہ ہم ہر وقت ان کی نگرانی نہیں کر سکتے۔ جب جب یہ بانگ نہیں دیتے اور ان کی چونچیں مضبوط ہوتی ہیں، ہم ان کی طرف رُخ کرتے ہیں۔ ان میں ایک بہت دیر سے جالیوں کو آنکھیں پھاڑ پھاڑ کر بغور دیکھ رہا تھا۔ دوسرے نے ٹوکا۔

'' ارے جالیوں کے ٹوٹنے کا سوال کہاں اٹھتا ہے؟ جب بھی ان کی چونچیں جالیوں کو توڑنے کے لائق ہوئیں، ہم نے انھیں ذبح کر دیا۔''

''نہیں......نہیں......ادھر آؤ......'' اس نے ہاتھوں سے اشارہ کیا۔ سب کے سب اس کی طرف لپکے۔

'' یہ دیکھو......یہ......'' جالیوں کے چند چھوٹے چھوٹے دائرے ٹوٹے تھے۔

'' دُھت......اِتنے سے شگاف سے بھی کوئی باہر آ سکتا ہے؟''

'' ارے مرغ باہر نہیں آ سکتے لیکن سانپ تو اندر گھس سکتا ہے۔''

'' تم بھی احمق ہو۔ مان لو اگر سانپ نے گھس کر مرغوں کو ڈس لیا.تو ان کی لاشیں تو ملنی چاہئیں ۔۔ حیرت تو یہی ہے نا کہ نکلنے کی کوئی جگہ نہیں ہے ۔.مرغوں کی لاشیں بھی نہیں ہیں ۔ پھر بھی مرغ غائب ہیں ۔''

''نہیں......نہیں...... یہ حرامزادے بانگ دینے کے ڈر سے غائب ہوئے ہیں ۔''.

''لیکن ان کے ساتھ مرغیوں کو کیا ہوا؟''

''ہم تو صرف مرغوں کو ذبح کرتے تھے......اور انھیں مرغوں کو جو بانگ دینے سے جی چراتے تھے ۔''

''دیکھو بھائیو! کوئی نہ کوئی سازش ہے...... یا ہماری آنکھوں کی بنیائی کم ہورہی ہے......اور نہیں تو پھر ہماری گنتی کا حساب ہی غلط ہے۔

''بہر حال کچھ نہ کچھ تو ہے...... ایک ساتھ اتنے سارے مرغ غائب...... ہم تو تباہ ہو جائیں گے ۔ایسا کرو فیڈ دینے والے کو بلاؤ۔''

معلوم ہوا کہ مرغوں کو صبح شام فیڈ دینے والا بھی غائب ہے ۔اب وہ اور بھی پریشان اور فکر مند ہو گئے ۔ایک نے کہا۔

''اب ہمیں بھی غائب ہو جانا چاہیے۔'' سب نے اس بات پر زبردستی قہقہہ لگایا اور پھر جیسے کھینچا ہوا ربڑ دباؤ ختم ہوتے ہی اپنی جگہ چپاک سے واپس آ گیا۔

''انڈوں کو اکٹھا کر کے بازار لے جانے والا کہاں ہے؟'' فوراً ایک آدمی مخصوص سمت میں دوڑا ہوا گیا اور تھوڑی ہی دیر میں دوڑا دوڑا واپس آیا۔

''کیا ہوا؟''

''وہ بھی غائب......''.

گویا ان مرغ مرغیوں کے ساتھ فارم کے سارے عملے بھی سالے غائب ہیں ۔ ان کی پریشانیاں حد سے تجاوز کرتی جارہی تھیں۔

''ذرا اسے دیکھو جو انڈوں کو سائز کی بنا پر الگ کرتا ہے۔''

ایک آدمی دوڑا ہوا گیا اور اس کے بھی غائب ہونے کی خبر لے کر واپس آیا۔ایک نے پوچھا۔

''انڈوں میں سوئی چبھونے والے کو دیکھ کر آؤں؟''

''چھوڑو!

''اور ڈربے کے صفائی کرنے والے کو؟''

''نہیں...... یہ سالے بھی غائب ہوں گے...... کہیں مزا کر رہے ہوں گے پی کے...... کل خبر لی جائے گی ان کی۔''اس نے چھری ایک طرف پھینک دی۔

''گرو......گرو......''ان میں سے ایک نے چھری اٹھا کر کہا۔

''پریشانی میں ہم یہ بھول ہی گئے کہ کچھ حرامزادوں نے آج بھی بانگ نہیں دی۔اور آج کا سارا دن ہمیں نحوست میں گذارنا ہوگا۔''

''لو......اصل کام ہی بھول رہے تھے۔''اس نے فوراً چھری ہاتھوں میں لی اور بچے ہوئے چند مرغوں میں سے قدرے مضبوط چونچ والے مرغوں کو ذبح کر دیا۔

''حرام خورو...... جالیاں توڑتے ہو...... بانگ دیتے وقت چونچ ٹھٹھ ہو جاتے ہیں۔ہم اگر تمھیں ذبح نہیں کریں تو بانگ دینے کے ڈر سے تم یونہی غائب ہو جاؤ کاہلو......!''

مرغوں کو ذبح کرنے کے بعد سب کے سب خوش و خرّم ہو گئے۔سوندھے سوندھے گوشت کے خیال سے سب کے منہ میں پانی رِسنے لگا تھا۔ایسا لگ رہا تھا جیسے ابھی کچھ پہلے ان کے سروں پر سے کوئی طوفان نہیں گزرا تھا۔

۳

اس دن کے بعد سے وہ پولٹری فارم کی طرف سے کافی محتاط ہو گئے۔انھیں فارم کے عملوں پر بھروسہ نہیں رہا تھا اور اب باری بدل بدل کر خود نگرانی بھی کرنے لگے تھے۔کسی کارندے کو ان سے پوچھے بغیر فارم کے اندر جانے کی اجازت نہیں تھی۔ ہر شام مرغی خانے کے دروازے پر تالہ لگانے سے پہلے جالیوں کے باہر کھڑے کھڑے وہ مرغ مرغیوں کی گنتی کرتے لیکن انھیں حیرت تھی کہ ہر روز کچھ نہ کچھ تعداد کم ہو رہی تھی۔اور تشویش کی بات یہ تھی کہ کبھی یہ تعداد بڑھ بھی جاتی تھی۔ایک دن انھوں نے فارم کے عملوں کو بری طرح مارا پیٹا۔

''حرام خورو......تم لوگ چوری کرتے ہو''وہ سب ہر طرح انکار کرتے رہے لیکن ان کے ہاتھوں نے رکنے کا نام نہ لیا۔

''حرام زادو...... تمہیں بھی مرغ کے گوشت کا مزہ لگ چکا ہے۔مارتے مارتے جب کافی دیر ہو چکی تو ان میں سے ایک ملازم نے مارنے والے کا ہاتھ مضبوطی سے پکڑ لیا۔

''تم مارے گا سالا...... مادر......''ملازم نے کالر پکڑ لیا اور مارنے والے کی گردن پر اپنے پنجے

مضبوط کر دیے۔صورتِ حال یوں پلٹنے لگی تو فوراً فارم کے مالکوں میں سے ایک ہوشیاری دکھاتے ہوئے بیچ میں آ گیا۔ملازم کا ہاتھ اپنے پارٹنر کی گردن سے الگ کرتے ہوئے اس نے کہا۔

''ٹھیک ہے......ٹھیک ہے بھائی......ہم سے غلطی ہوگئی۔ہم لوگ معافی مانگتے ہیں......تم لوگ جاؤ۔'' سارے ملازم واپس ہو گئے۔جس کی گردن مضبوط کھردرے پنجوں کی گرفت سے اب تک سرخ تھی، وہ بھنّا گیا۔

''آخر تم نے یہ کیوں کیا؟اس سالے کی چمڑی ادھیڑ دیتا۔''

''تم بہت بھولے ہو......ہوش کھو دیتے ہو......زمانہ بدل گیا ہے......ان......نَ......نَ......

''نَ......نَ......کیا کہنا چاہتے ہو۔''اس کی زبان کی لڑکھڑاہٹ پر دوسرا چونک کر بولا۔

''کچھ نہیں......سالا'نمک حرامو' بولنا چاہ رہا تھا تو زبان لٹ پٹا رہی تھی۔''

''مرغوں کے گوشت کی سوندھی مہک تو نہیں چبھ گئی؟'' کچھ نے پھر بادل ناخواستہ قہقہہ لگایا۔ کھوکھلے قہقہوں کے سنّاٹے سے اوب کر بگڑے ہوئے ساتھی کی طرف دیکھتے ہوئے اس نے بات پوری کی۔

''میں دراصل یہ کہہ رہا تھا کہ ان نَ......نمک حراموں کا قصّہ پاک ہو جائے گا....ضروری نہیں کہ ہر کام اپنے ہاتھوں کرو۔آخر اتنی بڑی بھیڑ اور اتنے سارے بھوکے ننگے لوگ کب کام آئیں گے؟ آج رات ان کا انتظام ہو جائے گا۔جو کام سنّاٹے میں ہوتا ہے وہ سنّاٹے کا حصّہ بن جاتا ہے......ہمیں اپنی تجارت بھی تو دیکھنی ہے۔اس طرح دن دہاڑے سب کے سامنے مار پیٹ کرتے تو فارم کی گڈول کا کیا ہوتا۟؟''

بھِنّانے والا خاموش ہو گیا۔سب کے سب مشورہ دینے والے کی باتوں کو سراہ رہے تھے۔

''ٹھیک ہے بھائیو!......ہمارے فارم کی گڈوِل اصل چیز ہے۔آدمیوں کا کیا ہے......کل سے ہم نئے لوگوں کو بحال کرلیں گے۔''

دوسرے دن نئے عملے بحال کر لیے گئے۔اب وہ اور بھی محتاط ہو گئے۔عملوں کے فارم سے باہر نکلتے وقت وہ ان کے کپڑوں اور جھولوں کی تلاشی لیتے تھے۔لیکن ان کی ساری احتیاطوں کے باوجود مرغ اور مرغیوں کے غائب ہونے کا سلسلہ ختم نہیں ہوا۔اور اب انڈوں کی تجارت متاثر ہونے لگی تھی۔گاہک انڈوں کے سائز کی شکایتیں کرنے لگے تھے۔ان سے نکالے جانے والے چوزوں کے رنگوں میں بھی فرق آنے لگا تھا۔رنگوں کی ماہیت ختم ہوتی جا رہی تھی۔گاہک لال رنگ کی مرغیوں کے انڈے سمجھ کر لے جاتے اور ان میں سے چتکبرے رنگ کے چوزے برآمد ہوتے۔مرغوں کی کمی کے سبب بہت سارے انڈے چوزوں کی تخلیق کے سلسلے میں بے عمل ثابت ہو رہے تھے۔مرغیوں کے مقابلے میں مرغوں کی تعداد بہت کم ہو گئی تھی۔

مرغوں کو کھانے اور پھر ان کے غائب ہونے کی وجہ سے ان کی تجارت ٹھپ پڑنے لگی تو انھیں لگا کہ مرغوں کے سوندھے سوندھے بھُنے ہوئے پارچوں سے بھرے منہ میں کسی نے زبردستی سڑے ہوئے انڈے ٹھونس دیے ہوں۔ پورا منہ بدبودار چکنے محلول سے بھر گیا اور وہ آخ تھو کرتے ہوئے نل کی جانب لپکے۔

۴

لال اور سیاہ رنگ کے کچھ مرغ بچ گئے تھے جو اختلاط کے لیے اپنے ڈربوں میں جنون کے عالم میں چکّر کاٹ رہے تھے۔ لیکن انھیں سفید مرغیوں کے خانے میں جانے کی اجازت نہیں تھی۔ اس طرح ان کے رنگوں کی ماہیت تباہ ہو جائے گی۔ یہی سوچتے ہوئے انھوں نے اس بات کی بھی پروا نہیں کی کہ سفید مرغی کے انڈے چوزے کی تخلیق کے سلسلے میں بےعمل ثابت ہوں گے۔

تمام رنگوں کے مرغ مرغیوں کی نئے سرے سے خریداری ضروری تھی۔ انڈے لاکر ان سے چوزے نکالنے میں کافی دیر لگ جاتی اور اس درمیان ان کے بہت سارے گاہک بدک جاتے۔ انھوں نے فیصلہ کیا کہ بازار سے تمام رنگوں کے مرغ خرید کر لائے جائیں۔ لیکن پھر کسی کے ذہن میں یہ بات آئی۔

''اگر ان مرغوں نے بھی بانگ نہیں دی تو...... ہم صبح میں دیر سے اٹھیں گے اور ہماری ہتھیلی کی لکیریں تڑکے صبح کے غسل آفتاب سے محروم ہو جائیں گی۔''

''لیکن اسی بہانے ہم انہیں......''

سب کے ہونٹوں پر دھار دار مسکراہٹ دوڑ گئی جسے سب نے بہت تیزی سے ایک دوسرے سے چھپاتے ہوئے اندر اتار لیا اور گمبھیر ہو گئے۔

ان کا کہنا تھا کہ ہتھیلی کی لکیریں سورج کی پہلی کرن سے جوان ہوتی ہیں اور ان میں اتنی توانائی آجاتی ہے کہ بلندیوں کی پرواز میں آدمی کے قدم نہیں تھکتے۔ لیکن اس کے لیے سویرے اٹھنا ضروری تھا۔ اور سویرے اٹھنے کے لیے وہ مرغوں کی بانگ کے محتاج تھے۔ اور مرغوں نے شاید اس لیے بانگ دینا چھوڑ دیا تھا کہ گھر کے دالان میں پولٹری فارم کے پاس تحفظ کے خیال سے رات بھر جلتے ہوئے اونچے پاور کے بلب کی روشنی میں انھیں رات کی سیاہی کے دم توڑنے کا اندازہ ہی نہیں مل پاتا تھا۔ سارے عملوں کو سخت ہدایت تھی کہ جس روز بھی کوئی مرغ بانگ نہ دے فوراً اس کی رپورٹ کریں۔ انھوں نے موٹے موٹے حرفوں میں لکھوا کر ٹنگوا دیا تھا۔

''بانگ نہ دینے کی سزا موت ہے۔''

بازار میں مرغ خریدنے سے پہلے انھوں نے دکاندار سے اس کے بانگ دینے کی ضمانت

چاہی۔ دکاندار نے کہا۔

حضور یہ بھی پوچھنے کی بات ہے؟ مرغوں کا کام ہی ہے بانگ دینا......اور مرغیوں کے انڈے بھرنا۔

''نہ دیں تو......؟''

''نہ دیں تو......؟ سمجھئے کہ کچھ گڑ بڑ ہے۔''

''کہاں......؟''

دکاندار نے ان کی طرف ترچھی نظروں سے دیکھا۔

''کہاں......؟ بتاؤں میں......؟؟''

''ہاں......ہاں......'' ان کی آواز سے اندیشہ جھلکنے لگا۔

''ان کے رنگوں میں گڑ بڑ ہے۔''

''لیکن ہم نے تو رنگوں کی شُدّھی کا پورا خیال رکھا ہے۔ انھیں مخلوط ہونے سے بچایا ہے۔''

''رنگوں کی شدّھی......!''

دکاندار نے ان کے ہاتھوں سے مرغ اچک لیا اور فوراً اس کی گردن پر چھری پھیر دی۔

''یہ لیجیے!''

'دیکھو بھائی......ہم مرغ کھانا نہیں چاہتے بلکہ صبح سویرے ان کی بانگ پر اٹھنا چاہتے ہیں۔ اور پھر مرغیوں کے بے عمل انڈوں میں چوزوں کی حرارت دوڑانی ہے۔ ہمیں ایسے ہی مرغ چاہئیں جو ہر حال میں صبح سویرے بانگ دیں۔

''ہم سب سمجھتے ہیں حضور......!''

مرغ فروش نے مسکراتے ہوئے انھیں آنکھ ماری اور ذبیحہ مرغ دوسرے گاہک کے ہاتھوں فروخت کرتے ہوئے کہا۔

''لینا ہو تو لے لو صاحب۔ ورنہ کچھ دن میں مرغ آسمان میں اڑ جائیں گے۔ سویرے اٹھنا ہے تو سونے کی کیا ضرورت؟ سورج تو ان کی بانگ کا انتظار نہیں کرتا۔ مرغوں پر بھروسہ کرنا عقلمندی نہیں...... کیوں کہ مرغوں نے تم پر بہت بھروسہ کیا۔ تم انھیں خانہ بند ڈبّوں میں بند رکھتے ہو۔ میں انھیں آزاد رکھتا ہوں۔ یہ سب کچھ جانتے ہیں اور پھر بھی مجھے دھوکہ دے کر نہیں بھاگتے۔ کیوں کہ میں نے ان سے کچھ بھی نہیں چھپایا۔ انھیں رنگوں میں نہیں بانٹا۔ یہ بانگ دیں نہ دیں۔ ورنہ پھر کہتا ہوں کہ کچھ دنوں کے اندر یہ جنگلی زمین میں چھپ جائیں گے۔ اور جب برآمد ہوں گے تو ان کے پیچھے جنگلی چوزوں کی ایک فوج ہوگی۔ ان جنگلی

چوزوں کی چونچیں اتنی مضبوط ہوں گی۔ اتنی مظبوط ہوں گی کہ تار کی جالیوں کوتوڑ کرتمھاری گردنوں میں پیوست ہوجائیں گی۔''

''بھائی اگرانہیں مختلف خانوں میں نہیں بانٹوں توان کی چونچیں جالیوں سے مضبوط ہوجائیں گی اوروہ اسے توڑ کر باہر نکل آئیں گے۔ اوراصل بات یہ ہے کہ زیادہ تر مرغے بانگ نہیں دیتے۔ ہم تو سب سے بڑا جرم یہی سمجھتے ہیں۔ صاف بات ہے ہمیں ایسے مرغ چاہئیں جو بانگ دیں۔''

''اب آئے نہ تم راستے پر۔'' مرغ فروش مسکراتے ہوئے اچھل پڑا۔

''لیکن ٹھیک سے نہیں آئے۔ میں کہتا ہوں مرغ بانگ نہیں دیں تو اُنھیں لقمہ بناؤ گے؟''

''کیوں نہیں؟''

''اس لیے کہ وہ بانگ دیتے دیتے عاجز آچکے ہیں۔''

''ہمیں اس سے کیا۔ مرغوں کا پہلا کام ہے بانگ دینا۔ اگر وہ بانگ نہ دیں تو انھیں سزا ملنی ہی چاہیے۔''

''انھیں ڈربوں کی تقسیم سے آزاد رکھنا ہوگا۔''

''یہ بھی نہیں ہوسکتا۔''

''توسُن لو کہ مرغ اب بانگ نہیں دیں گے اور تمھارے مُنہ کا نوالہ بھی نہیں بنیں گے۔ ان کی چونچیں اتنی مضبوط ہوچکی ہیں کہ خانہ بند جالیاں توڑ ڈالیں گی۔ .اور تمھاری گردنوں میں...... پھر کہتا ہوں کہ بانگ کی آڑ میں انھیں لقمہ بنانا چھوڑو۔''.

وہ فوراً خریداری کا خیال چھوڑ کر مرغ فروش کے پاس سے بھاگے کہ وہ ان کے گہرے ارادوں کی ہلکی ہلکی مہک سونگھ چکا تھا۔ انھوں نے سوچا کہ اگر پوری بواس نے سونگھ لی اور چاروں طرف پھیل گئی تو پھر مرغوں کو خانوں میں تقسیم کرنے کا بھانڈا پھوٹ جائے گا اور جنگلی چوزوں کی تخلیق کرنے والے مرغے مرغیوں کو ذبح کر کے کھانے کے منصوبے ادھورے رہ جائیں گے اور تجارت بھی۔

بات دراصل یہی تھی کہ مرغوں نے صدیوں کے بعد پولٹری فارم کے مختلف خانوں میں رنگوں کی بنیاد پر اپنے جھنڈ کو بنٹتے دیکھ کر اور بانگ کی آڑ میں اپنے قتل پر چونچ اور پنجوں سے ان خانوں کو توڑنا شروع کر دیا تھا۔ وہ دن رات آزادنہ آوارہ گردی کرنا چاہتے تھے۔ جب کہ ان پر پابندی تھی کہ تمام مرغ صرف اپنے رنگ کی مرغیوں کے ساتھ اختلاط کر سکتے ہیں۔ وہ جانتے تھے کہ رنگوں کا بکھراؤ ہوگیا تو ایک دھماکہ پیدا ہوگا اور پولٹری فارم کی جالیاں لرز جائیں گی۔

انھیں زبردستی پولٹری فارم کے خانہ بند ڈربوں میں بند کر دیا گیا تو جیسے جیسے ان کی چونچیں سخت ہوتی گئیں، انھوں نے بانگ دینا چھوڑ کر جالیوں سے لگی زمین کو کھودنا شروع کر دیا۔ اس طرح مرغ یہ بھی چاہتے تھے کہ زیادہ سے زیادہ دیر تک مالکان سوئے رہیں اور وہ اطمینان سے اپنے کام میں مصروف رہیں۔ کام پورا ہوتے ہی رنگوں کی تمام پابندیوں سے دور ایسے چتکبرے چوزوں کی تخلیق کریں جنھوں نے کبھی ڈربہ نہیں دیکھا ہو اور جو تمام ڈربوں کو اپنے مضبوط جنگلی پنجوں اور چونچ سے مسمار کر سکتے ہوں۔ تمام مرغ بانگ کے بہانے اپنے قتل پر اس حد تک انتقام کی آگ میں جلنے لگے تھے کہ یوں بھی ان کے رنگ تبدیل ہو رہے تھے۔

وہ پولٹری فارم کی طرف دوڑ رہے تھے۔ ان کے چہرے پر خطرناک اندیشہ سوالیہ نشان بن کر ثبت تھا۔ مرغ فروش کی باتیں سُن کر اُنھیں تشویش لاحق ہوگئی تھی۔

''اگر اس کی باتیں سچ ہوئیں تو ہم کہیں کے نہیں رہیں گے۔''

مرغ فروش کی باتیں گونج رہی تھیں۔

(جنگلی چوزوں کی چونچیں اتنی مضبوط ہوں گی کہ جالیوں کو توڑ کر تمھاری گردنوں میں پیوست ہو جائیں گی۔)

جلد سے جلد وہ فارم پہنچ کر دل میں ابھرتے ہوئے وسوسوں اور اندیشیوں کو مطمئن کرنا چاہ رہے تھے۔

''حرامزادے ایک تو بانگ نہیں دے کر ہماری صبح اور ہمارا سارا دن خراب کرتے ہیں اور اس پر سے جالیاں توڑنے کی سازش کرتے ہیں۔''

دور ہی سے انھوں نے فارم کی جالیوں کو اپنی جگہ صحیح وسالم دیکھا تو انھیں اطمینان ہوا۔

۵

دوپہر کی سخت گرمی میں وہ پسینے میں شرابور تھے۔ پولٹری فارم کے نزدیک پہنچے تو اکا دکا مرغیوں کو پر پھیلا کر ڈربے میں سوتے ہوئے دیکھا۔ باہر ہی سے جالی کے اندر ڈربوں کا بغور جائزہ لینے پر انھیں کچھ خالی پن کا احساس ہوا۔ یہ احساس ہوتے ہی وہ پھر سے فکرمند ہوگئے۔ محتاط انداز میں کنجی کی بے آواز حرکتوں سے انھوں نے تالہ کھولا اور ڈرتے ڈرتے دبے پاؤں مرغی خانے کے اندر داخل ہوئے ایک دوسرے کو انھوں نے انگلیوں کے اشارے سے خاموش رہنے کی ہدایت کی اور آنکھیں پھاڑ کر قدموں کو چھوٹا کرتے ہوئے آگے بڑھے۔ ادھر ادھر کچھ مرغیاں سوئی ہوئی تھیں۔ ایک نقطہ پر ان کی نگاہیں اٹک گئیں۔ فارم کے بیچوں بیچ کئی

ڈربوں کے درمیان انھوں نے ایک مہیب غار دیکھا۔ سب کے سب چوکنّا ہو گئے۔ دوپہر کے سورج کی کرنیں زمین دوز غار بہت دور دور تک ان پر روشن کر رہی تھیں۔ ان کے بدن کا خون منجمد سا ہو گیا۔

کچھ لوگ بہت آہستگی اور ہوشیاری سے غار کے قریب آئے۔ ڈرتے ڈرتے انھوں نے اپنی متوحش آنکھوں سے غار کے اندر جھانکا۔ نیچے کافی بڑا تہہ خانہ تھا۔ ایک دنیا آباد تھی۔ جس میں مختلف رنگوں کے ان گنت مرغ مرغیوں کے جھنڈ تھے۔ کئی مرغ مرغیاں رنگوں کی تفریق کے بغیر بے تحاشا اختلاط میں مصروف تھے۔ مختلف رنگوں کے مرغ اور مرغیاں ایک دوسرے سے اس طرح بغل گیر تھے جیسے وہ ازل سے ایک دوسرے سے ملنے کے لیے تڑپ رہے تھے۔ خطرناک حد تک ان کے چہروں پر طمانیت تھی۔ کچھ تھک کر سو رہے تھے۔ ایک طرف اُٹھتی ہوئی سیاہ آندھیوں کی طرح چتکبرے چوزوں کی ایک فوج تھی جو اپنے چھوٹے چھوٹے نوکیلے پروں کو پھڑ پھڑاتے ہوئے آپس میں چہلیں کر رہی تھی۔ ان کی چونچیں ابھی سے کافی لمبی اور نوکیلی تھیں۔ انھوں نے غور کیا۔ تمام رنگوں کے ڈربوں کے نیچے بڑا سوراخ تھا جو زمین دوز تہہ خانے میں کھلتا تھا۔

ان کے پیروں تلے کی زمین الٹ کر ان کے سروں پر آ گئی۔ ہو ہی گیا آخر جو خواب میں بھی نہیں سوچا تھا۔ مرغ فروش کی باتیں سچ نکلیں۔

(چونچیں اتنی مضبوط ہوں گی کہ تار کی جالیوں کو توڑ کر تمھاری گردنوں میں پیوست ہو جائیں گی۔)

بے اختیار ان کے ہاتھ گردنوں پر چلے گئے۔

''اب ہم پر خطرہ ہے۔''

وہ بدحواس ہو گئے۔ ایک نے سوچا کہ جلدی سے کمرے سے جا کر بندوق لے آئے۔ وہ دبے پاؤں مڑا اور یہ دیکھ کر اس کی حیرت اور خوف کا کوئی ٹھکانا نہ رہا کہ ابھی ابھی جو مرغیاں باہر سو رہی تھیں وہ ان کے راستوں میں تن کر کھڑی ہیں۔ سب کے سب اچھل کر دروازے تک آئے۔ ابھی وہ مرغی خانہ کا دروازہ بند کرنا ہی چاہ رہے تھے کہ چتکبرے چوزوں کی فوج ان پر حملہ آور ہو گئی اور وہ بے تحاشا بھاگے۔ چاروں طرف ہوا میں مرغوں کی کلغیاں بجلیوں کی طرح کوند رہی تھیں اور زمین پر چوزوں کی فوج اپنے چھری نما پنجوں سے اچھل اچھل کر ان پر حملے کر رہی تھی۔

فضا کے چپّے چپّے میں جنگلی مرغوں کی پھڑ پھڑاہٹ تھی اور اچھلتے ہوئے ان کے بجلی نما پنجے اور چونچ۔ دیکھتے دیکھتے ان کے سفید کپڑے تار تار ہو گئے۔ اندر سے سیاہ بنیان اور لنگوٹ نظر آنے لگے۔ وہ بے تحاشہ کسی پناہ گاہ کی طرف بھاگے۔ ان کے چہروں پر چڑھا لیپ چونچ اور پنجوں کے وار سے بھربھرا کر نیچے گر رہا تھا۔ اندھا دھند وہ اس پولٹری فارم سے دور بھاگے جا رہے تھے جہاں آج تک ان گنت مرغوں کو بانگ اور ہتھیلی کی لکیروں کے غسل آفتاب کی آڑ میں وہ ذبح کر کے چٹخارے لے لے کر کھا چکے تھے ....اور رنگوں

کی بنیاد پر ان کے جھنڈ کو ٹکڑے ٹکڑے کر چکے تھے۔

مرغ فروش پیچھے سے چیخ رہا تھا۔

''میں نے کہاں تھا نا حرام زادو...... بانگ کے بہانے جب تک ان معصوموں کو مار رہے ہو مارتے جاؤ...... جب تک انھیں بانٹ رہے ہو بانٹو......ایک دن آئے گا جب یہ تمام خانوں کو توڑتے ہوئے ایک جھنڈ ہو کر زمین دوز تہہ خانوں میں چھپ جائیں گے اور چتکبرے جنگلی چوزوں کی فوج کے ساتھ برآمد ہو کر ہواؤں میں اڑ جائیں گے......پھیل جائیں گے......قاتلو......!اڑ جائیں گے......پھیل جائیں گے۔قاتلو......!ہوا میں بدل جائیں گے......ایسی بانگ دیں گے......ایسی بانگ دیں گے کہ......''

مرغ فروش جنون میں سر اور ہاتھ ہلاتے ہوئے بہ آواز بلند چیخے جارہا تھا اور اس کے اردگرد بھیڑ بڑھ رہی تھی۔

''سنو بانگ......بناؤ لقمہ......لو چٹخارہ......ہاہا......بانگ سنو......!''

جیسے جیسے بوڑھا مرغ فروش بول رہا تھا، لوگوں کی آنکھوں سے دھند لکا ختم ہو رہا تھا۔ کچھ لوگوں نے تنی ہوئی مٹھیوں کے ساتھ بوڑھے کو گھیرے میں لے لیا اور کچھ لوگوں نے اسی طرف دوڑنا شروع کر دیا جس طرف بوڑھا بار بار انگلیوں کو تیروں کی طرح پھینک رہا تھا۔

وہ تمام منصوبہ بند سیاہ بنیان اور لنگوٹ میں دوڑتے ہوئے مضحکہ خیز نظر آرہے تھے۔ مرغوں کے حملوں سے ان کے جسم پر جابجا شگاف بن گئے تھے جن سے خون رس رہا تھا۔ تمام باتوں کی پروا کیے بغیر وہ بس بھاگے جارہے تھے کہ کسی طرح کسی محفوظ مقام تک پہنچ جائیں اور اپنے منصوبوں کے دستاویز کو مرغوں کی یلغار سے محفوظ کر دیں۔

دوڑتے دوڑتے رات ہوگئی۔ لیکن انھیں کوئی پناہ گاہ نہیں ملی۔ مرغوں اور چوزوں کی فوج ان پر مستقل حملہ آور تھی اور ان کے جسم سے جھپٹتے ہوئے گوشت نوچ رہی تھی۔ انھوں نے ایک جگہ دریا دیکھا۔ آسمان سے چاندنی برس رہی تھی۔ اور پانی کی سطح شیشے کی طرح چمک رہی تھی۔ انھوں نے بے تحاشا دریا میں چھلانگ لگا دی۔ ان کے کودتے ہی چمکتا ہوا پانی تاریک ہو گیا۔

اور پھر سرخی پھیل گئی۔

بہت دیر بعد لڑکھڑاتے ہوئے سرخ پانی سے وہ باہر نکلے تو زرد ہو چکے تھے۔

دریا کے کنارے سارے مرغ ایک ساتھ بلند آواز میں بانگ دے رہے تھے۔

میّت

بیسویں صدی اپنے آخری پڑاؤ پر کینچلی بدل چکی تھی۔ اگر اس نے دھیان نہ دیا ہوتا تو سڑک پر اوندھے منہ گرتا۔

اور پھر کیا پتا کسی ٹرک، موٹر یا بس کے نیچے آ کر کچل گیا ہوتا۔ اور اس دنیا سے...

سائیکل اور اسکوٹر وغیرہ جیسی ہلکی سواری کی زد میں آتا تو جسم کا کوئی عضو اپنی سالمیت کھو دیتا، لیکن جان شاید بچ جاتی...... شکر ہے کہ بغل سے تیز رفتاری سے گزرتے ہوئے نوجوان نے اس کا کندھا پکڑ کر اسے سہارا دیا اور وہ گرتے گرتے بچا۔ اب بھی نیک لوگ دنیا میں ہیں۔

آمر کی بیوی کی موت کی اطلاع ملتے ہی اس پر عجیب بدحواسی طاری ہو گئی تھی۔

اچھی بھلی خاتون۔ چالیس بیالیس کے قریب عمر۔ مرنے کا کوئی سوال ہی نہیں تھا۔ ڈائی بٹیز کی شکایت تو اب عام بات تھی، لیکن بھلا اس کے سبب اس عمر میں کوئی جان سے ہاتھ دھوتا ہے۔

آمر نے فون پر بتایا تھا کہ اس کی بیوی میکے گئی ہوئی تھی۔ وہیں اچانک ہارٹ اٹیک ہوا اور پھر زندہ رہنا نصیب نہ ہوا۔ اس نے بتایا طبیعت میں عجیب اضمحلال اور بے چینی ہے، فوراً آ جاؤ۔

آمر کے یہاں پہنچنے کے لیے اب لمبا راستہ تبدیل کرنا تھا۔ سڑک کی ایک جانب اونچا ٹیلا تھا جس سے ملحق ایک غیر آباد قبرستان تھا۔ اس کے بیشتر حصے پر یاروں نے اونچی اونچی عمارتیں تیار کر لی تھیں۔

۲

گاؤں سے آیا ہوا تیس سال پہلے کا آمر درّانی اب کچھ سے کچھ ہو گیا تھا۔ (سماجی انصاف کا علمبردار درّانی) اس کے بچپن کا لنگوٹیا یار تھا۔ درّانی کی رگ رگ سے وہ واقف تھا۔ گزشتہ دس سالوں میں پگڈنڈیوں کو چھوڑ کر جس طرح اونچی اور چوڑی چمچماتی ہوئی شاہراہ کا درّانی راہ گیر بن گیا تھا، اسے بچپن کا دوست کہتے ہوئے اسے کبھی کبھی شرم محسوس ہوتی تھی۔

لیکن جوانی اور ادھیڑ پن کی سرحد میں پہنچنے کے بعد بچپن کی کسی گلی کا بدصورت کتا بھی پیارا لگتا ہے۔ کبھی بے پناہی کے عالم میں پردیس میں یہ کتا دکھائی دے جائے تو آنکھیں بھر آتی ہیں۔ رک کر اسے

پیار کرنے اور بچپن کی اس گلی کے مکینوں کے احوال جاننے کی خواہش ہوتی ہے۔ کس پر کم اور کس پر زیادہ بھونکتا تھا، یہ سب یاد آنے لگتا۔ یہ الگ بات ہے کہ مصروفیت کی مار جھیلتا آدمی چند لمحے ٹکر ٹکر دیکھتے ہوئے نہ چاہتے ہوئے بھی سڑک کی ریل پیل میں آگے بڑھ جانے پر مجبور ہوتا ہے۔ نہ بڑھے تو گر پڑے اور کوئی ٹھیک نہیں کہ بھیڑ کے پیروں کے نیچے کچلتا چلا جائے۔

آمر شہر میں نیا نیا آیا تھا تو ایک سیدھا سادہ نوجوان تھا۔ غریب گھر کا لڑکا۔ آنکھوں میں بہت سارے خواب سجائے۔ جب کہ اس کے بوڑھے والدین بڑھاپے میں صرف دو وقت کی روٹی کا آسرا چاہ رہے تھے، لیکن آمر کو شہر کی نشیلی ہواؤں نے گھیرے میں لے لیا تھا۔ اس کے بعد اسے قناعت کہاں گوارا تھی... وہ اڑا تو اڑتا ہی چلا گیا۔

آمر نے فون کیا تھا۔

''فوراً آ جاؤ!''

وہ نشیبی راستے کی طرف مڑا۔

پیدل چلتے ہوئے لوگ طرح طرح کی باتیں کر رہے تھے۔

''شوہر کے رویے سے تنگ آ گئی تھی''!

''غصّے میں میکے چلی گئی!''

''اس نے وہیں کچھ ایسا قدم اٹھا لیا کہ اذیت بھری زندگی سے نجات مل جائے!''

کہنے والے تو بہت کچھ کہتے لیکن وہ اس کا پرانا دوست تھا۔ ایسا نہیں سمجھتا تھا کہ مقابلے اور مسابقت کے پیش نظر دنیاوی اونچائی تک پہنچنے کے لئے اسے اپنی داخلیت کو داؤ پر لگانے میں عار نہ ہوئی ہوگی۔

اس کی بیوی کا بجھا بجھا چہرہ بہت ساری کہانیاں کہتا، لیکن اپنے ہونٹ اس نے سی لئے۔ ایک زہریلی مسکراہٹ اس کے ہونٹوں پر ہمہ وقت رینگتی رہتی۔

حد درجہ میک اپ اور شانوں پر کھلے لمبے گیسو سے اسے دلی نفرت تھی، لیکن شوہر کی ضد کے آگے اس کی ایک نہ چلتی۔ خاص خاص موقعوں پر اس کے کھلے ہوئے بالوں پر از حد اصرار کرتا۔

وہ اکثر انہیں بتاتا۔

بھابی مارننگ واک کیجئے۔ آپ کے بلڈ شوگر کا لیول کافی حد تک نارمل ہو جائے گا۔

جامنی رنگ کی باریک جارجٹ کی ساڑی سے اپنے ابلتے ہوئے گداز جسم کو سنبھالتے ہوئے بھابی بولتیں۔

اذیتیں نہ ہوں تو بھائی صاحب ساری بیماری از خود ٹھیک ہوسکتی ہے!''

''کیا کمی ہے بھابی...... پیار کرنے والا شوہر......اچھی بھلی چیئر مینی......سیاسی اثر ورسوخ...... گاڑی، فلیٹ، خوبصورت بچے......!''

جیسے جیسے وہ بولتا جارہا تھا، خوبصورت بھابی کہیں کھوتی جارہی تھیں۔ اس نے محسوس کیا کہ گھلتی جارہی تھیں۔ کسی کھائی میں گرتی جارہی تھیں... سلیولیس بلاؤز میں چمکتے ہوئے بازو اور دمکتا ہوا پورا جسم پسینے میں شرابور......حواس باختہ...... ہانپتی ہوئی...... بچنے کی کوشش میں ہراساں......چاروں طرف سے جیسے گدھوں نے گھیرے میں لے رکھا ہو...اور وہ تنہا اپنے صندلی جسم کی حفاظت کے لیے ہاتھ پیر مار رہی ہوں۔

پیر کے نازک انگوٹھے موزیک والے فرش کو کریدنے کی ناکام کوشش کررہے تھے۔

''نامراد بھابی......تم بھری تھالی پر لات مار کر چلی گئیں......!''

اغل بغل سے گزرتے ہوئے لوگوں نے اسے حیرت سے دیکھا۔

''یہ شخص کسی سے باتیں کررہا ہے؟''

''پاگل!''

''لیکن شکل وصورت سے تو ٹھیک ٹھاک ہے''۔

''اچھی'' شکل والے آج کل زیادہ پاگل پن سے دوچار ہیں!''

اشاروں اشاروں میں اس نے آمر درّانی کو سمجھانے کی کوشش کی تھی، لیکن زندگی کی تیز رفتاری کی اندھی دوڑ میں اس نے اس کی باتوں کو ان سنی کردیا۔ یا شاید سنا ہی نہیں۔

۳

''بہت دیر کردی تم نے......؟''

آمر نے اس کے کندھے پر ہاتھ رکھ دیا۔

''گاؤں سے سارے عزیز واقارب آ گئے؟''

''ہاں......تقریباً سارے!''

''انکل......آنٹی......؟''

''وہ دونوں تو سب سے پہلے پہنچے!''

''ذرا دیکھو......!''

آمر اس کے مزید قریب آیا۔ الگ لے جا کر اس کے کانوں میں بولا۔

''شہر کی تقریباً تمام معزز ہستیاں یہاں موجود ہیں۔اتنی بھیڑ دیکھ کر میں تو محو حیرت ہوں کہ مجھے لوگ......میرے غم میں اتنے سارے لوگ شامل ہیں...... پچاس گاڑیاں آچکی ہیں...... گن لو تم...... میں تو کئی بار......فوٹو گرافروں کی تو ریل پیل ہے......مختلف چینل والے......اخبار کے رپورٹر......کیا بتاؤں کیسا ازدحام ہے۔''

اس کے دل کو دھچکا لگا۔کیا ہو گیا ہے آمر کو۔اس عالم میں بھی اس کے ذہن میں......

''دیکھ رہے ہو......ذرا سوچو کون نہیں ہے یہاں......ذرا سوچو...اس کا کیا مطلب نکلتا ہے،اس کی آنکھوں میں عجیب وغریب چمک تھی۔میں......اس کی آنکھوں کی چمک پر دبیز دھندلا پن کی پرت پڑی ہوئی تھی۔

آمر نے اس کے ہاتھوں پر دباؤ بڑھایا۔

''اس میں کیا شک ہے......تم خود راجدھانی کی ایک بہت ہی اہم اور ناگزیر شخصیت ہو......ایسے موقعوں پر لوگ تمہارے جیسوں کی نظروں کے رجسٹر میں حاضری ضروری سمجھتے ہیں......''

''سارا کام ہو گیا......؟''

''سب کچھ ہو گیا۔اتنی ساری عورتیں اکٹھا ہو گئیں اس طرح سے سارا کام ہوتا گیا کہ مجھے کچھ کرنے کی ضرورت ہی نہ پڑی۔میں تو مہمانوں سے باتیں کرنے میں منہمک رہا۔بس پیسے خرچ ہوئے......سو بھی کیا ہوئے۔قل اور چالیسویں میں کسی قدر خرچ کرنے کا موقع ہوگا......محلے کی عورتوں نے میت کو غسل دیا۔عصر کی نماز کے بعد جنازے کی نماز ہوگی اور اس کے بعد ہوائی اڈے سے قریب واقع قبرستان میں تدفین ہوگی۔قبرستان ذرا دور ضرور ہے،لیکن کافی گاڑیاں ہیں......کوئی دقت نہیں ہوگی۔اچھا خاصا لمبا قافلہ رہے گا......!''

اسے تعجب ہوا۔محلے میں ایک اچھا خاصا قبرستان تھا۔اغل بغل کے محلوں میں بھی قبرستان تھے، لیکن ہوائی اڈے کے دور دراز قبرستان کی بابت فیصلہ لینے کی کیا ضرورت تھی؟

وہ سمجھ گیا کہ اس کے دوست کے دماغ میں کیا تھا۔اس قبرستان تک گاڑیوں کی آمد و رفت آسان تھی۔عموماً وی آئی پی وہیں......

وہ برآمدے میں رکھی خالی کرسی پر بیٹھ گیا۔

آنے والوں کا تانتا لگا ہوا تھا۔

بیشتر لوگ گاڑیوں سے آرہے تھے۔

آمر آگے لپکتا۔

آنے والا اسے گلے سے لگا لیتا۔

''میں لٹ گیا...... میری ہنستی ہوئی زندگی کو منحوسوں کی نظر لگ گئی......!''

لوگ اس کی پیٹھ تھپتھپاتے...... زندگی کی بے ثباتی کی دہائی دیتے ہوئے صبر کی تلقین کرتے۔ اور...... آگے بڑھ جاتے...... عَقَب سے لائن میں دیگر لوگوں کا دباؤ ہوتا...... سب کو موقع ملنا چاہئے۔

''ہمیشہ زندہ رہنے کون آیا ہے صاحب...... ہم تو پیدا ہی اسی لیے ہوتے ہیں کہ ہمیں مرنا ہے''

ایک طرف اس کا چھوٹا بیٹا دوستوں کے درمیان بیٹھا ہوا زاروقطار روتا جارہا تھا۔ اچھی خاصی گرمی کی دوپہر میں جب کہ سورج چمک رہا تھا۔ عجیب سا ملگجی اندھیرا آمر کو اپنے گھیرے میں لے رہا تھا۔

''آپ محسوس کررہے ہیں آمر بھائی......!''

ایک لیڈر نے آمر کو ٹہوکا دے کر اپنی طرف متوجہ کیا۔

''بھابی کے چلے جانے سے گھر اور آس پاس کا ماحول کتنا سوگوار معلوم ہورہا ہے۔ سب کچھ تاریک دکھائی دیتا ہے۔ سورج چمک رہا ہے۔ لیکن لگ رہا ہے کہ اس اطراف میں سرپر اماوس کی رات کا سایہ ہے۔''

اس نے صاف محسوس کیا کہ اس آدمی نے مثال دینے میں مبالغے سے کام لیا ہے۔

آمر کچھ زیادہ ہی جذباتی ہو گیا تھا۔ حالانکہ وہ محسوس کررہا تھا کہ آمر کے اندرون میں کسی عمارت کے انہدام کا ملال نہیں تھا۔ بس موقع کی مناسبت سے وہ اپنے برتاؤ کے مظاہرے کی کوشش کررہا تھا، لیکن دل کی کیفیت تو چھپتے چھپتے بھی اپنی جھلک دکھا ہی دیتی ہے۔

''آمر صاحب! گرمی کو دیکھتے ہوئے میت کی فوری تدفین افضل ہے۔''

مولانا نے اپنی لمبی داڑھی میں انگلیاں پھیرتے ہوئے آمر سے کہا۔

آمر نے جواب دینے میں تھوڑا توقف کیا۔ گھڑی پر نظر ڈالی۔

''ابھی تو بہت وقت ہے...... میرے کچھ خاص لوگ ابھی آنے باقی ہیں وہ آجائیں تو پھر سوچتے ہیں۔''

۴

دلیپ شرن، گھوش، داس، کمار کھیمکا اور کچھ اور دیگر غیر مسلم جانکار اور دوست برآمدے کی ایک جانب کرسیوں پر بیٹھے ہوئے تھے۔ کمار کھیمکا آمر کی سیاسی جماعت کا اہم اور دبنگ رکن تھا۔ افسران اعلیٰ کا قریبی بھی۔ درحقیقت وہ کسی بھی طرح کے کام میں پچاس فیصد سے کم فائدے کا قائل نہ تھا، لیکن یہ بات

صرف وہ جانتا تھا۔اس طرح کی خاص باتوں میں بیوی تک کو راز دار بنانے سے اسے پرہیز تھا۔

''ہا ہا قیں قیں کر کے اس کے ہنسنے اور قہقہہ لگانے کی آواز عجیب وغریب تھی۔ یوں سیاسی افراد کے درمیان ''ہاہا'' کر کے قہقہہ لگانا ریاکاریوں پر پردہ ڈالنے کا اچھا حربہ ہے۔کمار کھیمکا میں لیکن شرافت کی کچھ بوباس باقی تھی۔ کھیمکا سے اس کی پٹتی تھی۔اس نے اس کی آڑے وقتوں میں خوب مدد کی تھی اور آج آمر درّانی جس اونچے مقام پر فائز تھا،اس میں کمار کھیمکا کی مہربانیوں کی خاص کرم فرمائی تھی۔

دونوں پیروی، چیئرمینوں اور ٹنڈروں کے بے تاج بادشاہ تھے۔انگد کی طرح جہاں پیر رکھ دیتے تھے،کسی کے ہٹانے کی ہمت نہ تھی۔ درّانی اور کھیمکا دونوں پریس کانفرنس کے انعقاد میں ماہر تھے۔ناشتے اور شراب کی فراوانی ایسی ہوتی کہ بڑے سے بڑے قومی اخبار کا کوئی نامہ نگار ان کی پریس کانفرنس میں شرکت نہیں بھولتا تھا۔

کمار کھیمکا تجہیز و تکفین میں اتنی تاخیر ہونے سے بہت بور ہو رہا تھا......کوئی اور موقع ہوتا تو توند پر ہاتھ پھیرتے اور کندھے اچکاتے ہوئے کیمپس کے اندر داخل ہوتے اور آمر پر نظر پڑتے ہی یوں گویا ہوتا۔

''رے رے آمرے......ارے مری جانڑ میرے لائک بھی کوئی کام ہو تو بول......چٹکی میں انجام دوں اور تیری آنکھوں کا تارہ بنوں......''

اس کی ''تیری آنکھ کا تارہ بنوں'' کا سخن تکیہ افسروں اور دیگر لیڈروں کے درمیان کافی مشہور تھا۔ اس کے قریبی لوگ اسی لیے اسے ''آنکھ کا تارہ بابو'' بھی بولتے تھے۔

کمار کھیمکا کا اندازہ تھا کہ انتم سنسکار کی کریاؤں میں زیادہ سے زیادہ دو تین گھنٹے لگیں گے۔ مسلمانوں میں تو یوں بھی ہر شرعی کام وقت کی پابندی سے انجام پاتے ہیں،لیکن اسے تو یہاں آئے ہوئے پانچ گھنٹے ہو چکے تھے......اور اب تک میت کو غسل دلانے سے آگے بات نہیں بڑھی تھی۔موقع کی نزاکت دیکھتے ہوئے ہنسوڑ کمار کھیمکا سوگواری کا لہجہ اختیار کیے ہوئے تھا۔

بیچ بیچ میں موقع موقع پر بولتا تھا۔

''بھابی بہت اچھی تھی...... مجھے بہت مانتی تھی......کہتی تھی کھیمکا جی کھانا کھائے بغیر کیسے جائے گا......میری بھابی جی......!''

اس کا دل چاہ رہا تھا کہ وہ عادت کے مطابق اچھل پھاند کرتے ہوئے ترچھا ہو کر بولے۔

''رے رے آمرے مری جانڑ اتنی بھی کہیں دیر ہوتی ہے؟ ہم لوگ تو تین چار گھنٹے میں سب نپٹا لیتے ہیں۔ساری محبت،تعلق،عداوت کو جلد از جلد اگنی میں سواہا کر دیتے ہیں۔ یہاں تو یار انتم سنسکار کا کوئی

ودھان آرمبھ بھی نہیں ہوا ہے۔اوئے کس کا انتظار ہے؟اوہ سب سمجھ گیا......ٹھیک ہے......ٹھیک......!''

کوئی اور موقع ہوتا تو کمار کھیمکا کی آواز کی اونچائی اعلا افسران کی آواز سے تجاوز کر جاتی۔ دراصل اسے اوپر والے کی جانب سے طاقتور پھیپھڑا اور مضبوط ووکل کارڈ ودیعت ہوا تھا۔

۵

اس کا دوست مشاہدہ کر رہا تھا کہ آمر درّانی گھوم گھوم کر چاروں طرف اپنی نظریں دوڑاتا اور پھر ایک مخصوص کرسی پر آ کر بیٹھ جاتا۔

چہرہ بوجھل اور سوگوار۔جیسے سب کچھ لٹ گیا ہو۔تکان بھی ظاہر ہو رہی تھی،اس کے باوجود آنکھوں میں انتظار کی چمک۔صدر دروازے کی طرف لگاتار پریشان نگاہوں سے دیکھتا جا رہا تھا۔

اس کا پرائیوٹ سکریٹری آیا اور اس کے قریب کھڑا ہو گیا۔

''سر......!''

ڈرتے ڈرتے اس نے لب ہلائے۔

''سر کچھ لوگ جانے لگے ہیں۔ان کا کہنا ہے کہ ظہر کی نماز کے بعد ہی نماز جنازہ کی بات ہوئی تھی......اب تو عصر کا وقت بھی نکلا جا رہا ہے......''

آمر نے سنی ان سنی کرتے ہوئے اسے جھکنے کا اشارہ کیا۔

سکریٹری جھکا۔اس نے منہ اس کے کان کے قریب کیا۔

''آ رہے ہیں وہ لوگ؟''

''چانس نہیں سر!''

''ٹرائی کر کے دیکھو......ریکویسٹ کرو......''

''فون کیا ہے تم نے......انہیں بتاؤ کہ ان کا انتظار ہو رہا ہے۔''

وہ قریب کی کرسی پر بیٹھا ہوا سب کچھ سن رہا تھا۔

اسے آمر درّانی کی بے چارگی پر ترس آ رہا تھا۔

اتنا کچھ پا لینے کے باوجود ایسے وقت میں بھی اسے کچھ کھو دینے یا کچھ کم پڑ جانے یا پیچھے رہ جانے کا اندیشہ پریشان کر رہا تھا۔

اس موقع پر بھی کچھ چھوٹ نہ جائے۔

اس کے چہرے پر ایک رنگ آ رہا تھا،ایک رنگ جا رہا تھا۔

مولانا شاید عصر کی نماز پڑھ کر آ چکے تھے۔ تذبذب کے عالم میں کبھی گھڑی، کبھی جم غفیر اور کبھی ایک لائن سے کھڑی چمچماتی موٹروں کی قطار دیکھ رہے تھے۔

ایسی ایسی شوخ رنگوں کی مینڈک اور کچھوا نما موٹریں کہ غروب ہوتے سورج کی روشنی میں آنکھیں چندھیا رہی تھیں۔

مغرب کا وقت ہونے والا تھا۔

آخر کیا سوچ رہے ہیں آمر درّانی صاحب...... کن لوگوں کا انتظار ہے اب ان کو...... شرعاً تو صرف سگے رشتہ داروں کا انتظار کیا جا سکتا ہے، لیکن اس کی بھی ایک حد ہوتی ہے...... مناسب وقت پر تدفین مستحسن ٹھہرتی ہے۔ اب مزید تاخیر مناسب نہیں۔

سوچوں میں مستغرق مولانا ظہر کے بعد سے لگاتار انتظار کرتے کرتے تھک چکے تھے۔ نقاہت چہرے سے جھلک رہی تھی۔ بدن سیدھا کرنے کا موقع نہیں ملا تھا۔ کمر اور کولہے کے درد سے بے چینی میں چھوٹی کرسی پر بار بار کروٹیں بدل رہے تھے۔

گھٹنے بیٹھے بیٹھے جام ہو گئے تھے۔

بوجھل قدموں سے مولانا دھیرے دھیرے چلتے ہوئے آمر درّانی کے پاس آئے۔

''جنازے کو رخصت کی اجازت دیجئے۔ حضور...... ابھی کئی مراحل طے کرنے ہیں...... تاخیر ہوتی چلی جا رہی ہے۔''

آمر نے عجیب بے چارگی سے ایک نظر مولانا اور ایک نظر اندر دالان میں رکھی ہوئی اپنی بیوی کی میت کی طرف دیکھا۔ ایک لمبی ٹھنڈی سانس چھوڑی۔

''مولانا صاحب کچھ انتظام کرتا ہوں...... تھوڑا صبر سے کام لیں۔''

میت تربت کی منتظر تھی۔

آمر کو جانے کن خاص لوگوں کا انتظار تھا۔

اس کے دوست نے محسوس کیا کہ آمر کی نظروں میں بیوی کی میت نہیں، کوئی بیش قیمت سامان سفید کپڑے کے نیچے ڈھک کر رکھ دیا گیا تھا۔ چیز چلی گئی تو چانس ہاتھ سے نکل جائے گا۔

لوگ آمر کے اس ڈائلیما کو دیکھ کر خموشی سے نظریں بچاتے ہوئے ایک دوسرے کو آنکھوں ہی آنکھوں میں کچھ پیغام دیتے ہوئے دھیرے دھیرے کھسکنے لگے۔

اس کے دوست نے چاہا کہ لوگوں کی اکتاہٹ اور بیزاری کو دیکھتے ہوئے آمر سے متوقع ''خاص

لوگوں'' کے بارے میں استفسار کرے۔

اپنی جگہ سے اٹھ کر وہ آمر کے پہلو والی خالی کرسی پر بیٹھ گیا۔ اوپر سے نیچے تک اسے بغور دیکھتے ہوئے بولا۔

''اب تمہیں کس کا انتظار ہے یار...... بھابی کے میکے کے سارے لوگ اور دیگر رشتہ دار تو آچکے ہیں۔''

آمر کی آنکھوں میں عجیب وغریب چمک عود کر آئی۔

''نام بتادوں گا تو تم بگڑو گے...... اتنا اہم آدمی ہے کہ اس کی موجودگی سب کے لیے ایک بڑی سرپرائز ثابت ہوگی اور میرے لیے......!''

وہ سنجیدگی سے کچھ اور کہتا، کچھ اور سوچتا کہ اچانک اندرونی دالان میں رکھی میت پر اس کی نظر پڑ گئی۔ دوسرے لمحے جگر خراش منظر اس کے سامنے تھا۔

اسے احساس ہوا کہ کفن میں کچھ حرکت ہوئی۔ وہ غور سے دیکھنے لگا۔

اسے لگا کہ بھابی نے کفن ہٹاتے ہوئے اپنا چہرہ باہر نکالا اور سرگوشی کے انداز میں بولیں۔

''میں نہ کہتی تھی......!''

اس نے آمر کے کندھے کو جھنجھوڑتے ہوئے کہا۔

''ڈائلیما سے نکلو۔ اور میت کی تدفین کے لیے کوچ کی راہ اختیار کرو!''

میت تربت کے لئے ترس رہی تھی اور بیسویں صدی اپنے آخری پڑاؤ پر کینچلی بدل چکی تھی اور آمر درّانی......

وہ تو......!!

اس کو بہت غصہ آیا۔ عجیب جھنجھلاہٹ ہوئی۔ اس نے سب سے مخاطب ہو کر چلانا چاہا۔

''پوری کمیونیٹی...... کیا ہم سب لوگ میت میں تبدیل ہو چکے ہیں جو معاملہ ایک جگہ ٹھہر گیا ہے؟''

لیکن اس کی آواز حلق میں اٹک کر رہ گئی۔

◄◄ ● ►►

کوبرا

اس نے اسٹیشن پہنچنے میں کچھ اور دیر کردی ہوتی تو ٹرین چھوٹ جاتی۔ اچانک اس کی اماں نے حکم صادر کردیا تھا کہ اسے اپنے چھوٹے بھائی کو دہلی جا کر سی آف کرنا ہوگا۔ وہاں سے آگے اللہ مالک ہے۔ کم سے کم وہاں تک کی خیر وخبر تو اماں کو اس کے ذریعہ مل جائے گی۔

اس طرح اچانک ہزار میل کا سفر اختیار کرنا پڑے گا؟ یہ بات اس کے خواب وخیال میں بھی نہ تھی۔ شادی بیاہ کے ہنگاموں کی وجہ سے وہ دو روز سے مستقل جاگا ہوا تھا۔ آج شاید کچھ سکون سے سونے کا موقع ملتا۔ حالانکہ صبح سویرے اٹھ کر بھائی کو ہوائی اڈّے تک الوداع کہنے کے لئے جانا تھا اور یہی نہیں، گھر کے سارے افراد کو وہاں تک پہنچانے کا اہتمام کرنا تھا۔ طرہ یہ کہ گاڑیوں کی ہڑتال تھی۔ وہ اسی ادھیڑ بن میں تھا کہ کس طرح یہ سب بحسن خوبی انجام دے گا کہ اماں نے حکم صادر کردیا کہ اسے ابھی شام والی گاڑی پکڑ لینی ہے تاکہ صبح گیارہ بجے تک دہلی پہنچ جائے۔ اس کا بھائی صبح کی فلائٹ سے دہلی کے لئے روانہ ہوگا اور ساڑھے دس گیارہ تک پہنچ جائے گا۔ وہاں وہ بھائی سے ہوائی اڈے پر ملے گا۔ اسے رات کے ڈھائی بجے نیویارک والی فلائٹ میں سوار کرادے گا۔

بادل ناخواستہ دہلی جانے کے لیے اس نے اپنے آپ کو تیار کیا۔ اتنی جلدی بھی کہیں پروگرام بنتا ہے۔ اب برتھ کی ریزرویشن ملنے کا کوئی سوال ہی نہیں۔ ساری رات جاگتے گزرے گی۔ گھر کے سارے لوگ اصرار کرنے لگے کہ بھائی ہونے کے ناطے اسے دہلی سی آف کرنے کا فریضہ ادا کرنا چاہیئے تو اسے تیار ہونا ہی پڑا۔

دوسرے دن سے ہولی کی چھٹی شروع ہو رہی تھی۔ ٹرین میں بے تحاشہ بھیڑ تھی۔ اس کے تو اوسان خطا ہو رہے تھے۔ بغیر ریزرویشن کے اس بھیڑ بھاڑ میں اپنے لیے گنجائش نکالنے کا تصور اس کے لئے سوہانِ روح تھا۔

سلیپر میں جگہ حاصل کرنے کے لیے ریزرویشن چارٹ لے کر گھومتے ہوئے ایک ٹی ٹی ای سے اس نے بات کرنی چاہی تو اس نے سنی ان سنی کردی۔ یوں بھی اس جم غفیر میں کسی سے اپنی بات کہہ پانا آسان نہیں تھا۔ گاڑی پلیٹ فارم کی جانب لپک رہی تھی۔ انبوہ میں دور سے ٹرین کے انجن کو دیکھ کر اسے محسوس ہوا کہ یہ گاڑی اس کے سینے کو روندتی ہوئی آ رہی ہے۔

''کیا مجھ جیسا ناتواں آدمی کمپارٹمنٹ میں داخل ہو سکے گا؟'' ٹرین رکتے ہی اس نے خود سے سوال کیا۔

کوئی جواب دیئے بغیر امنڈتی ہوئی بھیڑ کے درمیان اس نے خود کو گٹھر میں تبدیل کر لیا۔ یہ ہنر اسے معلوم تھا کہ بچپن سے اب تک اکثر اوقات سنگین حالات کے سامنے گھٹنے ٹیکتے ہوئے اسے خود کو بے جان اشیاء میں تبدیل کر دینا پڑتا تھا۔ ورنہ اس کے جیسے آدمی کے لئے جینا آسان نہ تھا۔ اس کے کمزور جسم میں مزاحمت کرنے، حالات پر قابو پانے اور رخ موڑ دینے کی طاقت نہیں رہی تھی۔

کمپارٹمنٹ میں جیسے تیسے داخل ہونے کے بعد اسے اندازہ ہوا کہ اس کی ہتھیلی سے خون بہنے لگا ہے۔ خون کا بہنا اس کے نزدیک کوئی اہمیت کی بات نہ تھی۔ اہم تو یہ تھا کہ گٹھر میں تبدیل ہونے کے بعد دھکے کھاتا ہوا وہ کمپارٹمنٹ میں داخل ہونے میں آخر کار کامیاب ہو گیا تھا۔ اب صرف یہ اندیشہ تھا کہ ریزرویشن نہیں ہونے کی وجہ سے اسے کنڈکٹر سلیپر سے نکال سکتا تھا۔

کچھ ہی دیر بعد گاڑی کھل گئی۔ جن لوگوں کے ریزرویشن تھے انہوں نے اپنی اپنی برتھ پر اپنے بستر بچھا دیئے۔ اس کی طرح کچھ اور لوگ بھی تھے جو اس ٹرین میں بے گھر بار تھے۔ ان میں سے بیشتر نے کنڈکٹر کو پچیس پچیس روپے دیئے اور اپنی ٹکٹوں پر ایک ایک برتھ ریزرو کرا لی۔

کنڈکٹر اس کی طرف بھی بڑھا۔ لیکن اس نے سوچا کہ پچاس روپے ٹکٹ کے لگ چکے ہیں۔ سونے کے مزید پچیس دینے کا مطلب تھا کہ اس کے سفر کے خرچ کا پورا بجٹ گڑبڑ ہو جائے گا۔ بھائی امریکہ میں ڈھیر سارا روپیہ کماتا ہے اس سے کیا۔ اسے بہرحال اپنی آمدنی اور اپنی حیثیت دیکھنی ہے۔ آخر اس نے اپنی اوقات کو دھیان میں رکھتے ہوئے ہی تو بھائی کو سی آف کرنے کے لیے طیارے کے بجائے ٹرین کی سواری اختیار کی تھی۔

''ریزرویشن کے سات روپے لگتے ہیں پھر یہ پچیس کیوں؟''

اس نے ڈرتے ڈرتے کنڈکٹر سے سوال کر دیا۔ کنڈکٹر کے تیوریوں پر بل آئے۔ اس نے گھور کر دیکھتے ہوئے کہا۔

''اتنے سارے لوگ بے وقوف ہیں کیا...... نہیں دے سکتے تو اگلے اسٹیشن پر اتر جانا...... یہ تھری ٹائر ہے...... آپ کو جنرل بوگی میں جانا ہوگا......''

''جب یہاں تل دھرنے کی جگہ نہیں ہے تو وہاں کیسے گھس سکوں گا!'' ''پھر لایئے پچیس روپے...... آخر اس بھیڑ بھاڑ میں آپ کے لیے سونے کی جگہ مہیا کروں گا۔ کوئی مذاق ہے کیا......!''

''بھائی میرے پاس اتنے پیسے نہیں ہیں!''

''دہلی بغیر پیسے کے جاتے ہو......؟ یہ سالی بغیر پیسے کے اپنا ہاتھ بھی نہیں چھونے دیتی ہے۔''

''پہلی بار جا رہا ہوں۔''

''تو لاؤ بیس ہی دے دو...... تمہارے لیے مروّت کر رہا ہوں۔'' ہنسوڑ قسم کا کنڈکٹر اس کی خستہ حیثیت بھانپتے ہوئے ''آپ'' سے ''تم'' پر اتر آیا۔

''بھیا سب میری جیب میں نہیں جائے گا۔''

اس نے کہا وہ اسے دس روپے سے زیادہ نہیں دے سکتا۔ کنڈکٹر نے دس روپے لیتے ہوئے اسے بتایا کہ تب اسے بیٹھ کر جانا ہوگا۔ یہ بھی کم نہیں کہ اسے بیٹھنے کی جگہ مل رہی ہے۔

گاڑی مغل سرائے سے آگے بڑھ گئی تو اس نے برتھ کی طرف رخ کیا۔ یہ دیکھ کر اس کی کوفت میں اضافہ ہو گیا کہ کئی برتھ خالی پڑے تھے۔ لیکن پیسے کی کمی کی وجہ سے وہ برتھ کے ایک کونے میں دبک کر بیٹھنے پر مجبور تھا۔

وہ دہلی پہلی بار جا رہا تھا اور متعدد الجھنوں سے دوچار تھا۔ اسٹیشن سے اسے پالم ایئر پورٹ جانا ہوگا۔ نہ معلوم اسے نئی دہلی اسٹیشن اترنا چاہئے یا پرانی دہلی۔ پہلے کون سا اسٹیشن آئے گا۔ جس اسٹیشن پر بھی اترے گا وہاں سے کون سی سواری کرے گا۔ ہم سفروں سے اگر پوچھتا ہے تو سب اسے نرا گاؤدی سمجھیں گے کہ اتنا سن رسیدہ ہونے پر بھی اب تک وہ اپنے ملک کی راجدھانی نہیں گیا تھا۔ انہیں کیا معلوم کہ کتنے لوگ اس ملک میں ایسے ہیں جو دہلی تو بہت دور کی بات ہے اپنے صوبے کی راجدھانی تک نہیں جا سکتے ہیں۔

کتنے لوگ ایسے ہیں جنہوں نے ریلوے لائن نہیں دیکھی ......اور کتنے لوگ ایسے بھی ہیں جنہوں نے ایک ساتھ چار روٹیاں نہیں دیکھیں......!

وہ غمزدہ ہو گیا۔ اسے لگا کہ وہ رات کے سنّاٹے میں کسی مرگھٹ میں بیٹھا ہے۔ دور کہیں سے کتوں کے رونے کی آواز آرہی ہے...چاروں طرف گہرا اندھیرا ہے۔ بجز اس روشنی کے جو ایک جلتی ہوئی لاش سے برآمد ہو رہی ہے۔

ٹرین کے پہیوں کی چھک چھک اور سناٹوں کی ہولناک آوازوں کو سنتے سنتے جانے کب اس کی آنکھ لگ گئی۔ صبح ہوئی تو اس کی نیند ٹوٹی۔ ایک طیارے کو اس نے ٹرین کے اوپر اُڑتے دیکھا۔ اس کا جی چاہا کہ لوگوں سے چیخ چیخ کر کہے کہ اس ہوائی جہاز میں اس کا چھوٹا بھائی سفر کر رہا ہے۔ ہوائی جہاز میں اڑنے والے کا وہ بڑا بھائی ہے......ہو......ہو......ہو......لیکن خود اسے اپنی ہنسی بہت کھوکھلی لگی۔

اس کا ذہن ماضی بعید میں بھٹکنے لگا۔ کوئی سوچ سکتا تھا کہ بے سروسامانی کے عالم میں اس کے باپ کے مرنے کے بعد اس کا کوئی فرزند اس قدر ترقی کرے گا کہ امریکہ جا پہنچے گا۔ وہ تو وہیں کا وہیں رہ گیا۔ ٹھٹھر سا گیا۔ لیکن کیا کیا جا سکتا تھا۔ حالات کے لازمی نتائج کے طور پر یہ تو ہونا ہی تھا۔ یہ اطمینان کی بات تھی کہ کم سے کم یہ چھوٹا پودا تو اگ کر تناور درخت بن گیا۔

ڈرتے ڈرتے ایک سردار جی سے اس نے دہلی کے بارے میں آئیڈیا لینا چاہا تو اسے معلوم ہوا کہ وکرم شیلا تو نئی اور پرانی دونوں دہلی جائے گی لیکن اسے پالم جانا ہے تو نئی دہلی اتر جانا چاہئے۔ اس نے نصیحت کے طور پر گر کی بات بتائی کی اسٹیشن کے کیمپس سے لگی ہوئی کوئی سواری نہ کرے۔ اسٹیشن سے باہر آجائے۔ بائیں جانب پیدل بڑھے اور پھر کناٹ پلیس کے پاس سے تین سو سات نمبر کی بس پکڑ لے یا تھری ویلر کرلے۔

سردار جی نے یہ بھی کہا۔

''لیکن سرداروں کی ٹیکسی کے میٹر کے چکر میں نہ پڑنا...... بھاڑا طے کر لینا...... دس سے پندرہ روپے کے بیچ تیار ہو جائے تو ٹھیک ہے...... میٹر کا حساب کروگے تو ایسا بھی ہوگا کہ وہ اِدھر اُدھر گھما کر تم سے پچیس تیس اینٹھ لیں گے اور تم پالم سے اتنی ہی دور ہوگے جتنا کناٹ پلیس کے پاس تھے......''

سردار جی نے پہلو بدلتے ہوئے کہا۔

''یار دہلی میں اچکّے زیادہ بستے ہیں۔ ہندوستان میں کہاں کہاں نہیں گھوما...... لیکن اتنی لوٹ میں نے کہیں نہیں دیکھی۔''

سردار جی زندہ دل اور بے باک شخص تھا۔ دنیاداری کی باتوں کے علاوہ سردار ہوتے ہوئے اس نے سرداروں کے اتنے سارے دلچسپ لطیفے سنائے کہ ہنستے ہنستے اس کے پیٹ میں بل پڑ گئے۔

کام کی باتیں اس نے بڑی احتیاط سے گرہ میں باندھ لیں۔

ہدایت کے مطابق نئی دہلی اتر کر سڑک پر بائیں جانب بڑھتا گیا۔ اس درمیان کئی ٹیکسی والے اس کے پاس آئے لیکن وہ سب کو اس شان بے نیازی سے نظرانداز کرتا ہوا آگے بڑھتا رہا جیسے کئی پشت سے وہ کناٹ پلیس کا باشندہ رہا ہو اور چہل قدمی کرتا ہوا اپنے باپ کے مکان کو جا رہا ہو۔ اس درمیان وہ ترچھی نظروں سے گزرتے ہوئے تھری ویلر کا جائزہ بھی لیتا جا رہا تھا۔

وہ ایسے تھری ویلر کا متلاشی تھا جس کا ڈرائیور غیر سردار ہو اور جو دیکھنے میں کچھ شریف قسم کا آدمی نظر آرہا ہو۔ ظاہر ہے اس کے لئے وہ کسی نحیف اور لاغر جثے والے ڈرائیور کو ڈھونڈ رہا تھا۔ کچھ دیر بعد اس طرح کا ایک ڈرائیور اسے مل ہی گیا۔ دبلا پتلا بیمار سا۔ یہ آدمی خطرناک نہیں ہوسکتا۔ اس نے اشارہ کیا۔

''کہاں چلوگے صاحب......؟''

''پالم...... کتنے لگیں گے......؟''

''بیٹھ جاؤ صاحب...... میٹر گرا دیتا ہوں۔''

''نہیں طے کرلو......''

''پندرہ روپے دینا......''

''بارہ دوں گا......''

''آجاؤ......''

تقریباً پینتالیس منٹ کے بعد وہ پالم پہنچ گیا۔ پیسے دینے کے لیے اس نے جیب میں ہاتھ ڈالے تو پتا چلا کہ بھیڑ بھاڑ میں اس کے روپے کسی نے گول کر دیئے تھے۔ اب کیا ہو......؟ ہوائی اڈے کے اندر بھائی کو ڈھونڈ کر اپنی مصیبت بتائے۔ اس سے مدد لے۔ لیکن یہ اسے اچھا نہیں معلوم ہوا کہ اب چلتے چلاتے وقت اس معمولی سی ضرورت کے لیے بھائی کے سامنے ہاتھ پھیلائے۔

یوں بھی اس بار اس نے چھوٹی بہن کی شادی میں تقریباً پچاس ہزار روپے خرچ کر ڈالے تھے۔ لیکن اس ڈرائیور کا کیا ہو۔ اس نے فوراً قلم نکالا۔ پھر اسے خیال آیا کہ یہ تو محض ڈھائی روپے کا تھا۔ اس سے کرایہ کا بھگتان کیسے ہو سکتا تھا۔ اب ایک ہی صورت تھی۔ کلائی کی گھڑی۔

اس نے سوچا ڈرائیور شریف آدمی ہے۔ ڈھائی سو کی گھڑی کا سو روپے دے ہی سکتا ہے۔ اس میں اس کی واپسی کا بندوبست بھی ہو جائے گا۔ اتنی دیر میں ڈرائیور نے تھری ویلر اسٹارٹ کر دیا تھا۔ اس نے گھڑی اس کے ہاتھ میں دیتے ہوئے کہا۔

''بھائی ایسا ہے کہ میری جیب کٹ گئی... تم یہ گھڑی رکھ لو اور جتنے پیسے مناسب سمجھو مجھے دے دو۔''

شریف اور غیر سردار ڈرائیور نے گھڑی اپنے نحیف ہاتھوں میں لے لی۔ ایک نظر اسے گھور کر دیکھا اور پھر دیکھتے دیکھتے یہ جا وہ جا۔

وہ دھیمی آواز میں چیختا رہ گیا۔ اس جگہ زیادہ شور اور ہنگامہ کر کے وہ اپنے آپ کو مذاق کا نشانہ نہیں بنانا چاہتا تھا۔ ڈرائیور نے اس کی کمزوری بھانپ لی تھی۔ تھری ویلر کے اڑتے ہوئے دھوئیں میں اس کے زرد چہرے کی شکست قابل دید تھی۔

انٹرنیشنل ڈیپارچر کے پاس شیشے کی دیوار کے اندر اس کا بھائی ٹہل رہا تھا۔ اس نے بہت لہک کر کہا۔

''بھائی!''

اس کا بھائی اس کے قریب آ گیا۔

''سب ٹھیک ٹھاک ہے۔ رات کی فلائٹ او کے ہے۔ ٹھیک دو بج کر چالیس منٹ پر۔ فلائٹ نمبر زیرو ون۔ جب تک ہم لوگ چلیں۔ امریکہ کے دوستوں کے لیے کچھ شاپنگ کرنی ہے۔ ادھر ہی ہم لوگ کھانا بھی کھائیں گے۔ میں نے سارا سامان لفٹ لگیج میں رکھ دیا ہے۔ اب کسی ہوٹل میں ٹھہرنے کی

ضرورت نہیں...... ہم لوگ رات بھر جاگ کر ایئر پورٹ پر گپیں کریں گے۔ آپ صبح کی کسی گاڑی سے واپس چلے جائیے گا...... کل یوں بھی ہولی کی وجہ سے دہلی بندر ہے گی...... گھومنے پھرنے کا کوئی موقع نہیں......"

دونوں تمام دن کناٹ پلیس، قرول باغ، پالیکا بازار اور مینا بازار میں گھومتے رہے۔ لگ بھگ تین ہزار روپے کی خریداری کی گئی۔ کسی دوست کے لیے کولہا پوری چپل، کسی کے لیے پینٹ، کچھ ایمی ٹیشن، کچھ اماوٹ وغیرہ وغیرہ۔ ہینڈ لوم کے سوتی کپڑوں کا وہاں ایک خاص کریز تھا۔ جامع مسجد کے پاس فلورا ہوٹل میں کھانا کھایا گیا۔ پھر شاپنگ۔ یہاں تک کہ شام ہوگئی۔

اس کا چھوٹا بھائی بہت ہوشیار تھا۔ شاپنگ میں مول تول کے طریقے جانتا تھا۔ جس چیز کی قیمت دکاندار سو روپے بتاتا، اسے وہ زیادہ سے زیادہ ساٹھ میں خرید لیتا۔ دنیاداری کے ان طریقوں سے وہ ناواقف تھا۔ اگر وہ تنہا خریداری کررہا ہوتا تو سو کی جگہ سو ہی دے کر آتا۔ اتنی بڑی عمر میں محض لٹتے چلے جانے کے علاوہ ہوا ہی کیا تھا۔

دہلی آتے ہی وہ دوبارہ غچّا کھا چکا تھا۔ جیب کٹ گئی اور گھڑی بھی لٹ گئی۔ اگر بھائی سے اس کا وہ تذکرہ کرتا تو اسے شرمندگی اٹھانی پڑتی۔ واپسی کے بارے میں سوچتے ہوئے اسے اس ٹھنڈک میں بھی پسینے آگئے۔ بھائی نے کہا۔

"دیکھا کتنا مقوی کھانا تھا یہاں کا۔ آپ کو پسینہ آنے لگا۔ بھیا آپ اگر پٹنہ چھوڑ دیں تو بالکل چنگے ہو جائیں۔"

وہ بس یک ٹک بھائی کو دیکھتا رہ گیا۔ کچھ نہیں بولا۔

بھلا ہندوستان میں رہ کر بھی صحت بن سکتی ہے؟

خاموشی کی زبان میں وہ یہی کہہ سکا۔

بھائی نے اس کی طرف نہیں دیکھا۔ اس کی نظریں تو ادھر اُدھر بھٹک رہی تھیں۔ ہاہا کرتے ہوئے اس نے چند خوبصورت لڑکیوں کو دیکھ کر کہا۔ "بھیا کیا برا ہے...... اگر دہلی میں شادی کی جائے......؟"

وہ کیا کہہ سکتا تھا۔ اسے تو یہاں کی لڑکیوں میں نام کو بھی حسن نظر نہیں آیا۔ یہاں کی حسین ترین لڑکی بھی اس کے یہاں کی قبول صورت لڑکی کے مقابلے میں کمتر لگی۔ لیکن بھائی کو شاید یہی سب پسند ہے۔ بڑی بڑی گول ہپ...... موٹی موٹی گٹھیلی پنڈلیاں...... کیلے کے تنے جیسی گدرائی ہوئی جانگھیں...... بڑے بڑے آہنی گولوں جیسے سخت اور تنے ہوئے......

اسے تو ان سب کے نیچے کچل جانے کا خوف ہوتا۔ روندتے چلے جانے کا احساس جاگنے لگتا۔

اچانک بھائی نے سنجیدگی سے کہا۔

''میرے لیے کوئی اچھی سی لڑکی دیکھ کر رکھئے گا۔ امریکہ میں سب کچھ کیجئے...... خوب موج مستی لیجئے۔ لیکن شادی کے لیے ہندوستانی لڑکی ہی بہتر ہوتی ہے۔ وہاں کی لڑکیاں شوہروں کا شوہر پن آسانی سے تسلیم نہیں کرتیں...... اور اس طرح ان میں بیوی پن کبھی نہیں آپاتا......''

ائیر پورٹ پر بھائی نے بڑی سنجیدگی سے کہا۔

''بھیا آپ تو اب نہ معلوم شادی کریں گے یا نہیں۔ لیکن آپ کے انتظار میں اب میں بیٹھا نہیں رہ سکتا۔ صرف شادی ہی تو نہیں۔ اولاد اپنی زندگی میں اپنے پیروں پر کھڑی ہو جائے، یہ بھی تو دیکھنا ہے!''

''صحیح بات ہے......!''

اس نے دل ہی دل میں کہا۔ خوف سے اس کی آنکھیں اندر دھنس گئیں۔

مان لو بھائی میری شہوت کی عمر اگر بچی بھی ہے تو کیا ہو...... اولاد کو اپنے پیروں پر کھڑا کر پانے کا زمانہ تو ختم ہو گیا...... لیکن...... لیکن ہم لوگ تو بچپن میں ہی یتیم ہو گئے تھے۔

یہ باتیں اس نے اتنی آہستہ سے کہیں کہ اس کے بھائی نے نہیں سنیں۔

''اور ہاں سنئے...... اماں کا پاسپورٹ بنوا دیجئے۔ انہوں نے بہت دکھ اٹھائے ہیں۔ اب انہیں آرام اور سیر و سیاحت کا موقع ملنا چاہئے۔ اگلی بار آؤں گا تو انہیں ساتھ لے جاؤں گا۔ سوچتا ہوں اگلی بار بیگم اور اماں دونوں کو......!''

''ٹھیک ہے...... میں پاسپورٹ کے لیے اپلائی کر دوں گا۔''

''صرف اپلائی کرنے سے کام نہیں چلے گا۔ دوڑ دھوپ کرنی پڑے گی۔ ہاتھ پاؤں چلانے ہوں گے۔ ادھر ادھر کرنا ہوگا۔ انڈیا میں سرکاری کام بغیر لیے دیئے نہیں ہوتا...!''

''ٹھیک ہے۔'' اس نے کہا۔

'اب اور کتنی دوڑ دھوپ کروں گا......؟'' یہ الفاظ اس کی زبان سے ادا نہیں ہوئے۔

''اور بھیا اماں کا خیال رکھئے گا...... میں تو برابر پیسے بھیج ہی دیا کروں گا۔''

''آپ کم سے کم اتنا کریں گے کہ مقوی چیزیں خرید کر ان کے لیے لے آیا کریں گے۔''

''ٹھیک ہے۔''

''اچھی چیزیں وہ کھانا ہی نہیں چاہتیں۔ نہ معلوم انہیں کون سا دکھ کھائے جا رہا ہے؟''

یہ بات اس نے خود سے کہی۔

گپ شپ کرتے کرتے رات کے دس بج گئے۔ بھائی نے کہا۔

''اب ٹرالی لے آتا ہوں۔ سامان نکال کر ان ساری خریدی ہوئی چیزوں کو سیٹ کر دیتا ہوں۔''

اس کام میں تقریباً گیارہ بج گئے۔ سب کچھ ٹھیک ٹھاک کر لینے کے بعد انھوں نے پھر گپ شروع کر دی۔ بے شمار باتیں۔ بچپن کی...... باپ کے زمانے کی...... باپ کی انتقال کے بعد کی...... اور اس کے بعد بھائی نے امریکہ میں اپنے کچھ معاشقوں کی روداد بھی سنائی۔

''آپ نے بھیا یہاں کچھ موقع نکالا کہ نہیں؟''

چھوٹے بھائی نے تھوڑے توقف کے بعد کن انکھیوں سے دیکھتے ہوئے پوچھا۔

''نہیں بھائی...... ان کاموں کے لیے فرصت ہی نہیں ملی۔ اور پھر مجھ میں ہے بھی کیا کہ کوئی لڑکی میر طرف نظر ڈالے...... ڈھنگ کا کپڑا...... قاعدے کی صورت...... نہ انداز گفتار میں کشش...... سب کچھ تو کھڑ کھڑاتا ہوا...... ہاہا......!''

اس نے ہنسنے کی بادل ناخواستہ کوشش کی۔

''آپ رہ گئے بھیا......!''

''ہاں...... میں رہ گیا...... کہیں چھوٹ گیا میں...... جانے کہاں...... اندھیرے میں ایک ٹرین گم ہوتی جا رہی ہے...... میں کنارے گرا ہوا اٹھنے کی ناکام کوشش کر رہا ہوں۔ میرے چاروں طرف کتّے بھیانک آواز میں رو رہے ہیں۔ روتے ہوئے کتّے رونے کا فعل چھوڑ کر میری طرف دیکھ کر بھونکنے لگے ہیں۔''

وہ خامشی کی زبان میں خود سے کہتا رہا۔

''آپ کہاں کھو گئے بھیا......؟''

وہ چونک پڑا۔

''ہاں...... میں سوچ رہا تھا کہ سچ مچ عشق کے بغیر زندگی ادھوری ہے۔''

اپنی ذہنی کیفیت پر اس نے پردہ رکھا۔

اناؤنسمنٹ ہوئی...... بڑی خوبصورت اور خوابیدہ آواز......

''امریکہ جانے والے یاتری گن اپنے سامان اور فارین اکسچینج کی پیمنٹ کے لیے کاؤنٹر کی اور پرستھان کریں۔''

ایک طوفان سا اٹھ کھڑا ہوا۔ لگا کہ ساری دہلی، امریکہ جانے کے لیے مقابلہ آرائی کر رہی ہے۔ آن کی آن میں امریکہ پہنچ جانا چاہتی ہے۔

جیسے تیسے اس کا بھائی ٹرالی پر سامان لیے ہوئے ایئر انڈیا کے کاؤنٹر پر پہنچ گیا۔ وہ دور ہی سے بھائی کو دیکھ رہا تھا۔ کاؤنٹر کے قریب ویزی ٹرس کے جانے کی ممانعت تھی۔ سامان جمع کر کے اور رسیدیں لے کر بھائی واپس آ گیا۔

''اب کیمرے کے لیے کسٹم کے سامنے ڈیکلریشن دینا ہوگا......اور پھر سیکوریٹی چیکنگ......پھر تو بھیا آپ مجھے نہیں دیکھ سکیں گے۔ اوپر ویورس گیلری سے شاید ایک بس نظر آئے جس میں میں بیٹھ کر رن وے تک جاؤں گا۔ میں نظر نہیں آؤں گا۔ پھر ممکن ہے کسی اڑتے ہوئے جہاز پر ایئر انڈیا لکھا ہوا نظر آ جائے۔ آپ سمجھ لیجئے گا کہ بھائی رخصت ہو گیا۔'' بھائی سے جدائی کی گھڑی کی قربت کا خیال آتے ہی وہ اندر سے ٹوٹنے لگا۔ اسے غصہ آ رہا تھا۔ دل ہی دل میں وہ بڑبڑا رہا تھا۔

''کیوں چلے آتے ہو ہمیں دکھی کرنے کے لیے؟ کیا رکھا ہے وطن میں......کیسا وطن ہے، جہاں ساری زندگی کرائے کے ٹوٹے پھوٹے گھر میں بسری ہو رہی ہے۔ جب ہم تمہارے بغیر رہنے کے عادی ہو جاتے ہیں، تم آ کر اپنے ہونے کے احساس کا چرکا دے دیتے ہو۔ ہمیں رونے کے لیے چھوڑ جاتے ہو۔ ہم لوگوں سے اگر نہ بھی ملو تو تمہارا کیا بگڑے گا؟ ملنے سے کون سا روحانی سکون ملتا ہے؟؟

خاموشی کی زبان میں کہتے کہتے اس کے جذبات بے قابو ہونے لگے۔ آنکھیں ڈبڈبانے لگیں۔ سمندر اچھل اچھل کر اس کے وجود کے کناروں کو ریزہ ریزہ کرنے کے درپے تھا۔

خوابیدہ آواز دوبارہ گونجی۔

''امریکہ کے یاتری گن اب سیکوریٹی چیکنگ کے لیے پرستھان کریں۔ رن وے تک لے جانے والی بس ان کا انتظار کر رہی ہے۔''

اس کا بھائی بھی آبدیدہ ہو گیا۔

''بھیا تم اپنا خیال نہیں رکھتے...کیسی صحت ہو گئی ہے تمہاری......چند سال بڑے ہو لیکن دیکھنے میں باپ لگتے ہو۔''

''سب چلتا ہے بھائی...اگلی بار جب تم آؤ گے تو میں تمہارا دادا لگوں گا۔ اور اس سے اگلی بار شاید میں......''

وہ خود کلامی کرتا رہا۔

''بھیا اب رخصت کی گھڑی ہے......آؤ......ہم لوگ گلے مل لیں۔ اب نہ معلوم کب ملنا نصیب ہو۔''

اس کے بھائی نے دھیرے سے اس کے کاندھے پر ہاتھ رکھتے ہوئے کہا۔

دونوں بھائی ایک دوسرے کے گلے لگ گئے۔ دونوں کی آنکھوں سے زار و قطار آنسو رواں

تھے۔ اچانک چھوٹا بھائی چیخ مار کر الگ ہو گیا۔

"بھیا...... تمہاری پیٹھ پر یہ کیسا اُبھار ہے...... مکروہ خبیث کے سر جیسا......!"

بڑے بھائی کو کاٹو تو لہو نہیں۔ اس کی سمجھ میں نہیں آیا کہ بھائی کی اس بات کیا کیا جواب دے۔ چھوٹا بھائی پھر بولا۔

"بھیا!...... یہ کیسا آسیب سوار ہے تم پر...... تم نے آج تک نہیں بتایا۔"

امریکہ جانے والے ایک ہم سفر نے سیکوریٹی چیکنگ کے لیے جاتے ہوئے اس کا ہاتھ زور سے پکڑا۔

"جلدی کرو...... دیر ہو رہی ہے...... گیسٹ کو گڈ بائی کہو۔"

"خدا حافظ بھائی...... فی امان اللہ...... بھائی......!"

اس کا بھائی خوف و دہشت کا تاثر لیے ہوئے جا رہا تھا۔ لگاتار وہ اس کی پیٹھ کی جانب دیکھے جا رہا تھا۔

"بھیا! اس خبیث سے چھٹکارا حاصل کرو۔ جیسے بھی ہو......" جاتے جاتے اس نے پکار پکار کر کہا۔ چند لمحوں بعد ہی وہ نظروں سے اوجھل ہو گیا۔

دھیرے دھیرے بالکل سنّاٹا چھا گیا۔ مسافروں کی ریل پیل ختم ہو گئی۔ دیوانہ وار وہ ویورس گیلری کی طرف لپکا جو اوپری منزل پر واقع تھی۔

باہر بارش ہو رہی تھی۔ کچھ بھی صاف نظر نہیں آرہا تھا۔ اس نے ونڈ اسکرین کا شیشہ صاف کیا۔ نیم روشن وھندلے منظر میں ایک بس رن وے کی طرف بڑھ رہی تھی۔ دودھ جیسی سفید بس۔

اس کا بھائی اسی میں ہوگا...... اس نے اندازہ لگایا۔

کچھ ہی دیر بعد ایک طیارہ اڑا...... ہو نہ ہو اس کا بھائی اسی میں ہوگا۔

الوداع...... الوداع...... اے پردیسی ہم وطن...... اب ہم جانے کب ملیں...... ملیں بھی کہ نہیں...... بے رحم زندگی کے راستے پر سفر کا پہاڑ ڈھونے والے۔ خدا حافظ......!

طیارہ آسمان میں غائب ہو چکا تھا۔

اب چاروں طرف سنّاٹا تھا۔ قبرستان کا سا گہرا سنّاٹا۔

اس کا دماغ کچھ دیر کے لیے خالی ہو گیا۔ تکان کے عالم میں اس کے حواس نے کام کرنا چھوڑ دیا تھا۔

کچھ دیر بعد اس کے اوسان بحال ہوئے تو خیال آیا کہ اس کا بھائی الوداعی کیفیت کی شدت میں جسے خبیث سمجھ رہا تھا وہ اس کی پیٹھ کا کوبڑ تھا اور یہ بھی کہ دہلی سے واپسی کے لیے اس کے پاس ٹرین کا کرایہ نہیں تھا۔

◄◄ ● ►►

میری تھیوری سازی اور میرے افسانے

۱۹۷۰ء کے آس پاس میں نے باشعور طریقے سے افسانے کی تاریخ کے تسلسل میں رہتے ہوئے تخلیقی سطح پر لکھنا شروع کیا تو وہ زمانہ اتفاق سے بیک وقت ترقی پسندی اور جدیدیت دونوں کے عروج وزوال کا تھا۔فکری رجحانات اور فنی میلانات تو چلتے رہتے ہیں لیکن حقیقتاً دونوں مذکورہ رجحان اس وقت اپنے اپنے وجود کے اثبات کی لڑائی لڑ رہے تھے اور اس کا انہیں بے حد آسان طریقہ یہ دکھائی دیا کہ ۱۹۷۰ء سے ابھرنے والی نئے ذہین افسانہ نگاروں کی بھیڑ کو انہوں نے اپنے اپنے ازم اور رجحان سے برانڈ کرنا شروع کر دیا۔

میں چونکہ سائنس کا آدمی تھا اور اپنے ڈھنگ سے افسانے لکھ رہا تھا۔سوچنے، سمجھے برتنے کا تمام میرا افسانوی نظام،فکر،لہجہ،تیور رویہ،تکنیک،ٹریٹ منٹ اور عندیہ اپنا تھا۔ہمیں کیا نہیں لکھنا ہے۔یہ اجداد اور بزرگوں سے سیکھا تھا(ان کی اہمیت سے کون انکار کرسکتا ہے) لیکن ہمیں کیا لکھنا ہے، یہ اپنے آپ سے، اپنے عہد، اپنے مشاہدے اور تجربے سے سیکھا، میں نے خود کو اور اپنے دوستوں کو ترقی پسندی اور جدیدیت سے مختلف اور نیا سمجھتے ہوئے اس بات پر اصرار کیا کہ ہمیں برانڈ نہ کیا جائے اور ہم نے خود کو(چونکہ اس وقت کوئی نام ذہن میں نہیں آرہا تھا) انام، انامیت پسند اور بے نام نسل کے افسانہ نگار کہنا شروع کر دیا تا کہ ہماری اپنی علیٰحدہ شناخت قائم ہو۔

ہم اس میں کامیاب ہوئے چنانچہ آپ دیکھیں گے کہ ۱۹۷۰ء کے بعد جتنے بھی بڑے سمینار (انجمن تہذیب نو، الہ آباد نئی کہانی نئے مسائل ۱۹۷۹ء جامعہ ملیہ دہلی سہ روزہ ہندو پاک سمینار اردو افسانہ روایت اور مسائل ۱۹۸۰ء دہلی اردو اکادمی کا پانچ روزہ اردو افسانہ ورکشاپ ۱۹۸۵ء، نیا افسانہ، انتخاب، تجزیے اور مباحث، دہلی اردو اردو اکادمی کا اردو ادب کا بدلتا ہوا منظر نامہ، مابعد جدیدیت کے حوالے سے ۱۹۹۷ء منعقد ہوئے ان سب میں ۱۹۷۰ء کے بعد کے افسانہ نگار حاوی رہے۔سچ پوچھئے تو ہم ہی لوگوں نے (۱۹۷۰ء کے بعد والوں نے) اردو افسانے میں تخلیقی آزادی کی فضا بحال کی۔

اس تھیوری کے تعلق سے میں نے متعدد مضامین اور کتاب نما کا مہمان اداریہ ''سن ستری اور

نامیاتی افسانے: انحراف اور تسلسل اگست ۱۹۹۷ء'' لکھا جو بے حد مقبول ہوا۔

جب ہماری شناخت مستحکم ہوگئی تو میں نے افسانے کے ایسے فکری وفنی عناصر پر زور دینا شروع کیا جو اسے ایک عہد میں محدود نہ رہ کر ہر عہد میں زندہ رہنے والے افسانے بنا سکیں۔ اس کے لیے میں نے ''قوت نامیہ'' پر زور دیا اور اس طرح امتداد وقت کے ساتھ اپنے عصری افسانوں کی آفاقیت کے لئے ''نامیاتیت'' کی تھیوری پیش کی اور باضابطہ کتاب نما کا مہمان اداریہ بعنوان ''نامیاتیت اور نامیاتی افسانہ مئی ۲۰۰۳ء'' لکھا جو کافی مقبول ہوا۔ اور نامیاتی افسانوں کی داغ بیل ڈالی۔

نامیاتی افسانے وہ ہیں جو کسی بھی عہد کے ہوں لیکن ہر عہد میں ان میں فکری وفنی سطح پر Grow کرنے کی صلاحیتیں اور نئے عہد کے تقاضوں کے تحت متن کے نئے معنیاتی نظام قائم رکھنے کی صلاحیتیں رکھتے ہوں۔ پھر میں نے نامیاتی افسانے لکھے۔ ہر عہد کے ہر جینوئن فن کار کی اعلیٰ تخلیق دراصل نامیاتی ہے اور نامیاتیت کے crux کے عنصر سے مملو ہے۔

پھر سارک رائٹرس کانفرنس ۲۰۰۵ء میں میں نے (مقالہ کے عنوان کی آزادی کی وجہ سے) ''امکانیت پسندی'' پر مبنی تھیوری کی بنیاد گزاری کی اور اس کے تحت افسانوں کے فنی، فکری، حرکی، ہیتی جدلیاتی، ریڈیکل اور امکانی اختصاص پر زور دیا۔ میرا مضمون ''معاصر اردو افسانہ، تغیر وتبدل اور امکانی حقیقت نگاری'' سارک رائٹرس کانفرنس کی کتاب ''سارک ممالک میں معاصر افسانہ'' نگراں قاضی افضال حسین، مرتب صغیر افراہیم شعبہ اردو علی گڑھ، مسلم یونیورسٹی، علی گڑھ میں شامل ہے۔ میرے اس موقف کو مرزا حامد بیگ، رشید امجد، بیگ احساس وغیرہ نے کافی پسند بھی کیا۔

چنانچہ آج یہ کہا جا سکتا ہے کہ وہی افسانہ عصری وآفاقی ہے جو عصریت وآفاقیت کے امتزاج، انجذاب اور وفاق سے سرشار ہو کر افسانے کی توانائی میں اضافے کا سبب بنتے ہوں۔

میں نے جوگندر پال، بلراج مین را، احمد یوسف، غیاث احمد گدی، الیاس احمد گدی، کلام حیدری، اقبال مجید، سریندر پرکاش، رتن سنگھ، شرون کمار ورما، اقبال متین، شفیع جاوید، عابد سہیل محمود ایوبی، شفیع مشہدی، نند کشور وکرم وغیرہ کی پیڑھی کے میلانات سے فکری، ہیتی، ٹریٹ منٹ، رویے، لہجے، تیور اور عندیے کی سطح پر خود کو ممیز کرنے، اپنے انفراد وامتیاز کو نمایاں کرنے اور بڑے بھائیوں سے حد فاصل قائم کرنے کے لئے بلراج منیرا کی ''کمپوزیشن سیریز کے برخلاف ''سچویشن سیریز'' کے متعدد افسانے لکھے جو متعدد رسائل (شب خون، اظہار، جواز، نشانات، الفاظ وغیرہ) میں شائع ہوئے اور از حد پسند کئے گئے۔ بلیغ ابہام تو تھا اور کہانی پن بھی لیکن ترسیل کی ناکامی کے المیے سے گریز کیا گیا تھا۔ مضمون بھی

لکھا ''سچویشن سریز کیوں؟'' جو جواز کے خاص نمبر میں سچویشن ۶ '' آ گے'' افسانے کے ساتھ شائع ہوا۔ اس کے علاوہ کیفیت سیریز کے بھی کئی افسانے لکھے جو زندگی کے Subtle عناصر پر مشتمل تھے۔ یعنی میں برابر مختلف النوع تجربے کرتا رہا۔ اگر زندہ رہا تو افسانے کے دوسرے مجموعے میں انہیں شائع کروں گا۔

میرے افسانے اس تناظر میں دیکھے جائیں کہ یہ وہ نئے جدید اور مابعد جدید افسانے ہیں جو دراصل نامیاتی اور امکانی ہیں اور انامیت ، نامیاتیت اور امکانیت پسندی کے سرمدی اوصاف سے مملو ہیں۔ ان افسانوں میں آج کے عہد اور آج کے انسان، اس کے مسائل کو نئے ڈھنگ ، لہجے، تکنک ، ٹریٹ منٹ، موضوع ،فکری بصیرت اور تیور کے ساتھ دریافت کرنے کی کوشش کی گئی ہے۔

میں اپنے تمام بڑے بھائیوں، دوستوں اور چھوٹے بھائیوں کا ممنون ہیں جنھوں نے مجھ سے افسانے کے مجموعے کی اشاعت کے لئے ہمیشہ اصرار کیا۔

میں اپنی بیگم ارشاد پروین، بیٹے اتم حیات عرف منال، بیٹی انا حیات عرف منشا اور اسّو پھوپھی (بلقیس بیگم) کا شکریہ ادا کرنا ضروری سمجھتا ہوں جن کی مساعی اور تعاون سے اس کتاب کی اشاعت کا مرحلہ تکمیل کو پہنچ سکا۔ وہ خود عورتوں کے مسائل پر ایک زمانے میں کہانیاں لکھتی تھیں جس کے تذکرے میری افسانہ نگاری کو مہمیز کرتے تھے۔

اپنے مرحوم والد جناب سید محفوظ الحق (خدا انہیں کروٹ کروٹ جنت نصیب کرے) کا ذکر بھی ضروری ہے۔ جن کے پڑھنے کے ذوق، کتابوں کے ڈھیر اور مجھے ڈائری لکھنے کی ہدایت نے مجھے افسانہ نگار بننے کی منزل تک پہنچایا۔

افسانوں پر آپ لوگوں کی رائے اور تاثرات کا انتظار رہے گا۔

◂◂ ● ▸▸

شوکت حیات

شوکت حیات

اصلی نام	:	سید شوکت حیات محفوظ الحق
قلمی نام	:	شوکت حیات
والد کا نام	:	سید محفوظ الحق مرحوم
تاریخ پیدائش		یکم دسمبر ۱۹۵۰ (پٹنہ، بہار)
تعلیم	:	ایم اے گولڈ میڈلسٹ، یو جی سی ''نیٹ''
پیشہ	:	فری لانس ادبی وصحافتی رائٹنگ اور ترجمہ نگاری
پہلی کہانی	:	بکسوں سے دبا آدمی

کب اور کہاں شائع ہوئی: کتاب لکھنؤ، ۱۹۷۰

کس افسانے سے شہرت پائی: بانگ

تصانیف : ''گنبد کے کبوتر'' (افسانوی مجموعہ ۲۰۱۱ء)

''بانگ'' (تنقیدی مضامین کا مجموعہ ۲۰۱۲ء)

شوکت حیات کے وہ خواب جو شرمندۂ تعبیر نہ ہو سکے۔

بھوبل (افسانوی مجموعہ)

پھسینڈا (افسانوی مجموعہ)

رانی باغ (افسانوی مجموعہ)

سرپٹ گھوڑا (ناولٹ)

۱۹۷۰ کے بعد اردو افسانہ (تنقیدی مضامین کا مجموعہ)

انعامات : گنبد کے کبوتر کے لئے قومی کتھا ایوارڈ ۱۹۹۶

بہار اردو اکادمی کا لائف ٹائم اچیومنٹ ایوارڈ ۲۰۰۸

چودھری چرن سنگھ یونیورسٹی سے شیلڈ آف آنر ۲۰۰۹
گنبد کے کبوتر کے لئے یو پی اردو اکادمی کا پہلا انعام ۲۰۱۱

خصوصیت : ۱۹۷۰ کے بعد اپنے مخصوص رجحانات اور تھیوریز انامیت ''انام نسل'' اور ''انام افسانے'' کے بنیاد گزار ہونے کی حیثیت سے نمایاں شہرت حاصل کی۔ ''نامیاتی افسانوں''، ''نامیاتیت''، ''امکانیت پسندی'' اور ''مابعد جدید افسانوں'' کی وجہ سے چرچے میں رہے۔

قابل ذکر باتیں: ۱-۱۹۷۵ء کے بعد افسانے کے ہر قومی سمینار میں شرکت
۲-ساہتیہ اکادمی کے گرانٹ کے ذریعہ ہندوستان کے مختلف ثقافتی علاقوں کی سیاحت
۳-''ڈھلان پر رکے ہوئے قدم''، ''بانگ''، ''گنبد کے کبوتر'' اور ''رحمت صاحب'' کئی یونیورسٹیوں کے نصاب میں شامل۔
۴-۱۹۷۰ء کے بعد شائع ہونے والی ہر اہم افسانوی انتھولوجی میں کہانی شامل
۵-سارم ممالک قومی رائٹرس کانفرنس ۲۰۰۵ء علی گڑھ میں تھیوری ساز مقالہ خوانی-امکانیت پسندی

انتقال: ۲۱/اپریل ۲۰۲۱ء (پٹنہ، بہار)

شوکت حیات کا ایک یادگار ناولٹ

سرپٹ گھوڑا

(پروفیسر صفدر امام قادری کے تنقیدی جائزے کے ساتھ)

بین الاقوامی ایڈیشن جلد منظر عام پر